BANGYARU CHAN
NO
ROUGO

オタクのための（こわくない!）老後計画を考えてみた

バンギャルちゃんの老後

BANGYARU CHAN NO ROUGO

ライターの藤谷千明です
漫画家の蟹めんまです
我々バンギャルという種族は
バンギャルとは…
V系バンドのファンの総称。
「ギャル」といいつつ男性もいるよ！
BANDG tour final
ライブのあとファミレスにて
はぁ〜今日のライブよかったねぇ〜
次ツアーどこ行こうかな〜
東名阪《とうめいはん》は行きたいな〜
来年くらいに武道館でやってくれんかな〜
こんなふうに語り合うのが恒例ですが
だいたいサイゼリヤ
終盤になると
どういうわけか

老後はこのメンツで住もうよ～～！
カンパーイ
バンギャル老人ホーム作ろう！
ほぼ必ずこの話題になるので…
「バンギャル老人ホーム」って実際作れるのか？
老人ホーム
バンギャルの里
というか
そもそも我々の老後はどうなるのか？
？
…というギモンをおそるおそる直視してみることにしました
そして大変ありがたいことに「tayorini」さんで連載に
ウェブ編集
Oさん
書籍編集
Tさん
「老後は一緒に住もうぜ」するのはバンギャルだけかと思ったけど
趣味に没頭しがちな種族ではよく出る議題らしいですね
みんなサイゼリヤで話すんだと～
そしてこの企画連載開始から本になるまで約4年かかっているのですが
ウェブ連載
書籍

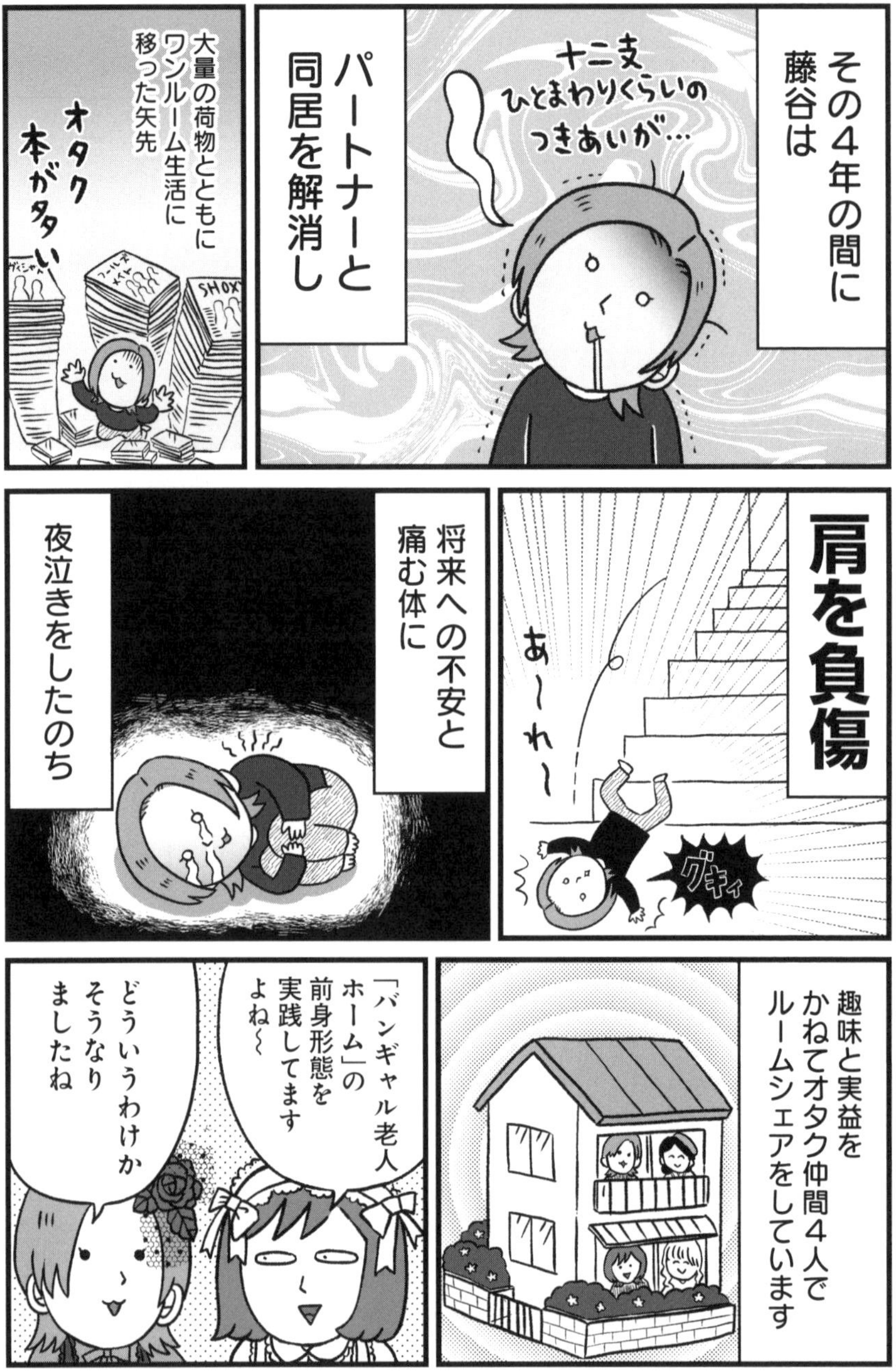
その4年の間に藤谷は
十二支ひとまわりくらいのつきあいが…
パートナーと同居を解消し
大量の荷物とともにワンルーム生活に移った矢先
オタク本がタタい
SHOX
肩を負傷
あ〜れ〜
グキィ
将来への不安と痛む体に
夜泣きをしたのち
趣味と実益をかねてオタク仲間4人でルームシェアをしています
「バンギャル老人ホーム」の前身形態を実践してますよね〜
どういうわけかそうなりましたね

一方蟹めんまは
えっバンギャル老人ホームの連載!?
よくサイゼで話すやつ〜〜!
最初はこんな軽いノリで乗った企画だったのに
ハイハイやりたいです〜
※現実みはほぼゼロ!!
連載開始1年目で祖父の介護&看取りが起き…
あわあわ
3年目でまさかの実父 急逝
突然すぎて放心
……………
高齢の母が地元にひとりで住んでいるので
七十六歳
未亡人に…
あわあわ
自分の老後の前に親世代の老後に大絶賛直面中
あわ あわ
よよよよ予定と違うぞー!!

ちなみに
結婚してたり
子供がいれば
家族
父
母
子
バンギャル
老人ホームには
住まないよなぁ
と思う人もいるでしょう
私たちも最初はそうでした
でも子供は
親と離れて
暮らす
パターンが
多いですし
自分も
そうだしネ
夫婦でも
どちらかが
先立つのが
世の常ですし
また
あの丘で…
そして
何より…
何より…
方向性の違いで
解散することも…
※Xではなくバツイチのポーズ
ほんと
それ…
※連載開始時
蟹めんまは人妻でした

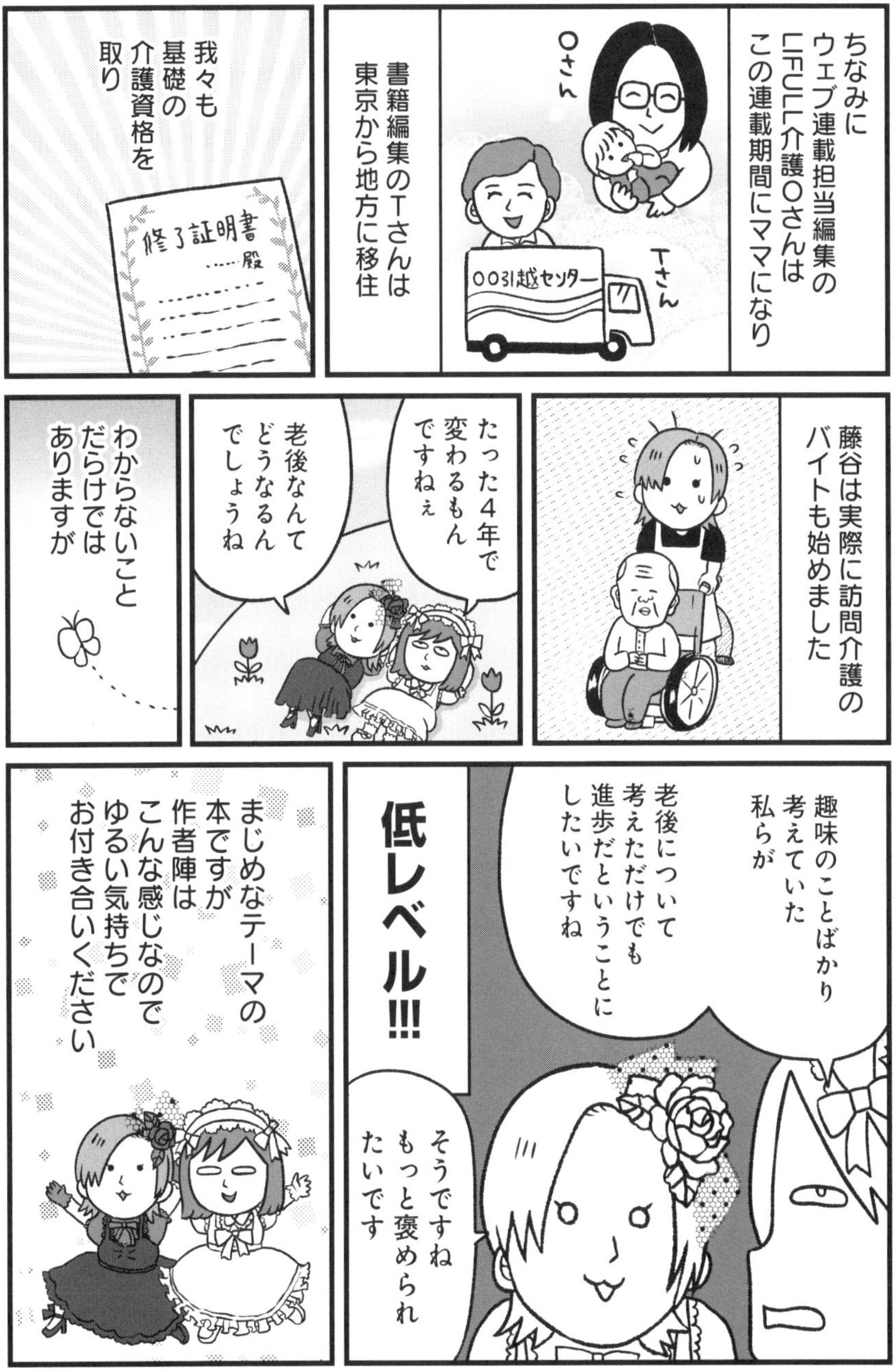
ちなみに
ウェブ連載担当編集の
LIFULL介護Oさんは
この連載期間にママになり
Oさん
Tさん
書籍編集のTさんは
東京から地方に移住
○○引越センター
我々も
基礎の
介護資格を
取り
修了証明書
……殿
藤谷は実際に訪問介護の
バイトも始めました
たった4年で
変わるもん
ですねぇ
老後なんて
どうなるん
でしょうね
わからないこと
だらけではありますが
趣味のことばかり
考えていた
私らが
老後について
考えただけでも
進歩だということに
したいですね
低レベル!!!
そうですね
もっと褒められ
たいです
まじめなテーマの
本ですが
作者陣は
こんな感じなので
ゆるい気持ちで
お付き合いください

目次

登場人物紹介

藤谷千明 Chiaki Fujitani

サブカルチャーを中心に活動するフリーライター。バンギャル歴は約四半世紀。本企画から興味を持ち、介護資格を取得。訪問介護のアルバイトもしている。オタク女子4人でルームシェア中。

蟹めんま Menma Kani

バンギャル歴 20 年以上の漫画家・イラストレーター。介護資格も持っている。本書の執筆中に、離婚、祖父の介護と看取り、父の急逝……というライフイベントが次々と発生。

Oさん Ms. O

日本最大級の老人ホーム検索サービス「LIFULL介護」が運営するウェブメディア「tayorini」の編集者。本書の基となった連載を担当。バンギャル歴は 14 歳から約 10 年間という元バンギャル。

編集T Editor T

本書（書籍）の編集担当。この企画唯一の非バンギャルで、V系知識は無に等しい。東北地方在住のアラフォー。

第1章

老後をオタク仲間と暮らすには？

趣味に仕事に忙しく、時間もお金も足りない。老後なんてまだ先のこと（でも、うっすら不安）。できれば自分らしく、オタク仲間と楽しい老後を過ごしたい！　そんな我々の「夢のバンギャル老人ホーム」は実現可能なのか、まずは専門家と先駆者のみなさんに聞いてみました。

オタクのための老人ホームって作れますか？ そもそも老人ホームとは

「バンギャル同士で老人ホームを作って、将来は楽しく暮らそう！」と盛り上がるも、老人ホームってどうやって作ればいいの？ 個人でも作れるものなの？ そもそも老人ホームとは？ 疑問は尽きません。まずは老人ホーム検索サービス「LIFULL介護」の小菅さんにお話を伺うことから始めましょう。

趣味推しの介護施設って存在するの？

いきなりですが、私たちは「バンギャル老人ホーム＝趣味でつながる老人ホーム」を作りたいと考えています。そのような施設はすでに存在するのでしょうか？

結論から申し上げますと、**聞いたことがありません**。現状、介護施設というのは、ご本人が選ぶのではなく、ご家族が選ぶことが多いんです。その場合は住みやすさや、スタッ

小菅秀樹（こすげ・ひでき）

日本最大級の老人ホーム・介護施設検索サービス「LIFULL介護」編集長。神奈川県横浜市生まれ。老人ホーム・介護施設紹介業で主任相談員として1500件以上の施設入居相談に対応。入居相談コンタクトセンターのマネジャーを経て現職。

フの質など、**安全に暮らせることが優先**されます。

そうすると、趣味は二の次、三の次になっちゃいますね。

介護が必要ない自立の方に向けた施設の場合ですと、社交ダンスやコーラス、ダーツやビリヤードなどのサークル活動や、レクリエーションに力を入れているところもあります。

ただ、「うちでは芸人さんが毎日来ます！」とか「歌手の方が毎日コンサートします」とか、エンタメを前面に出した施設という話は、あまり聞いたことがありませんね。

どうしてなんですかね？

歌手やタレントの出演料は、すべて施設の利用料に転嫁されます。利用料が高額だと入居者が限定されてしまいますよね。現状では、娯楽よりも、医療やリハビリに特化した介護施設であれば多少高額でも人気がある……という感じですね。

そう言われると、現状だと難しいかもしれませんね。今後増える可能性はあるのでしょうか？　実は私、介護資格（介護職員初任者研修）を取るために学校に通っていたことがあ

って、そこの先生が、「身の回りの介助はもちろん大切だけれど、**趣味を充実させると幸福感はぐっと高まる。だから濃い趣味を持っている介護士と利用者さんは意気投合しやすく信頼関係も生まれやすい**」という話をされていたのが印象に残っているんです。介護のテクニックとは別に、共通の趣味で盛り上がれる施設や、介護士の需要も増えそうだな……って。

例えばですが、「婚活」も流行り始めた頃と違って、最近は差別化をはかるためなのか、「ロック婚活」とか「オタク婚活」とか、趣味を押し出しているものも増えました。そのうち老人ホームも、漫画がたくさん読める「漫画オタク老人ホーム」、充実したシアタールームのある「映画好き老人ホーム」みたいな施設が出てくる可能性もあるのでは。

映画好き老人ホームなら、僕も入りたいですね（笑）。そういった施設が出てくる可能性も、ゼロではないと思います。趣味を続けている人は、肉体的にも精神的にも「元気で若い」人が多いと言われていますし。

90代でも「推しの力」で楽しく過ごせる

これも学校で聞いた話になってしまうんですけれど、施設に入っているおばあちゃんが、演歌歌手の**氷川きよしさんのファンになったことがきっかけで、どんどん前向きに**なって

いったという例が何件もあるんだそうです。「氷川くんのコンサートに行きたいから、この日までに手術を終わらせてリハビリもしなきゃ」とか、「氷川くんのコンサートに行くなら綺麗にお化粧しないと」とか、「氷川くんの最新情報が知りたいから、インターネットを勉強しなきゃ」とか……。

新しいことにチャレンジしている……！　氷川くん（つい「くん」付けに）、完全に人生の救世主《メシア》じゃないですか！

そうなんです、救いまくってますよ。介護士さんたちもあまりの回復力に「これがときめきの力か……！」と驚いていたそうです。趣味って金食い虫かもしれないけど、**生きる力を与えてくれる**んですよね。

私の遠い親戚に94歳の女性がいるんですけど、彼女も80代の男性唱歌グループのイベントにおしゃれして足を運んでいます。「推しの力」で楽しく過ごせる老後、憧れますね。

今、施設にいる方々でも、単なる「リハビリ」では積極的にやってくれない人も多いんです。リハビリ計画を立てる時に「これだけ足を動かせるようになりましょう」ではなく、登山が好きだった方に「またあの山に登れるようになりましょう」だとか、「あなたの夢

きよしのズンドコリハビリ
ふさぎこみがちだったのが…
カチ
カチ
カチ
最新情報を得るため
パソコンを習得し
鏡
おしゃれを再開
ペンライト
コンサートに行くために怒涛のリハビリへ!!
介護士もびっくり

を叶えましょう」など、**具体的な目標があったほうが、モチベーションにつながる**ようです。

お話を聞いていると、趣味推し施設の存在も、将来的な需要はありそうな……？

知らなかった！「老人ホーム」の定義

そうそう、お伝えしていませんでしたが、そもそも「老人福祉法」では、**身体介助や生活支援、食事の提供などをしている場合は、定義としては「有料老人ホーム」**なんです。

えっ!? じゃあ高齢者のシェアハウスに、ヘルパーさん的な人がいれば「老人ホーム」と呼んでいいってことですか？

定義としてはそうなります。だから、たとえ少人数の施設でも行政に届け出は必要ですが……。

開設のハードルがぐっと下がった……！

それに、老人ホームを作るのに、わざわざ大きな建物を用意しなければならないというわけでもありません。空き家を改築して、小規模な老人ホームにするケースは結構あるんですよ。住宅街を歩いていても「ここ老人ホームなんだ」ってところ、ありませんか？

たしかに、マンションみたいな施設を想像しがちですけど、一軒家みたいな家に看板が出ていたりしますね。

仮に、相続した実家をバリアフリーに改築して、そこを老人ホームにするなんてことも、法律上はできちゃうんですか？

できますよ！　既存の施設はさまざまなニーズを満たせていないと考え、自分の理想とする小規模な施設を作りたいと独立される方も少なくありません。

じゃあ、「**バンギャル老人ホーム**」**も作ろうと思えばできる**んですね（ガッツポーズ）。とはいえ、恥ずかしながら本当に知識がないので、そもそも「老人ホーム」にも漠然としたイメージしかないし、具体的にどういう場所なのかあまりわかっていないんです。なので、今回は、そういった知識も含めて教えていただけると嬉しいです。

老人ホームにはさまざまな種類が

大きく分けると、**公営と民間の施設**があります。公営にも「特別養護老人ホーム」や「介護老人保健施設」などいろいろあるのですが（※解説①参照）、今回は民間の話をメインにしたいと思います。大きく分けて「**介護付き有料老人ホーム**」と「**住宅型有料老人ホーム**」というものがありますが、どちらも同じ「有料老人ホーム」です。外観や内装では、まず区別がつかないと思います。

たしかに、検索した施設の写真を見てもわからないです。

何が違うかというと、人員体制や廊下の幅だったりと、**介護保険法で決められているいろいろな基準**があるんです。そこに適合していて、なおかつ、**都道府県や市町村の指定・**

認可を受けた施設が、「介護付き有料老人ホーム」と呼べるんです。行政上の区分けが異なるんですね。

へ〜。まったく知りませんでした。

他にも、**「介護付き」は介護スタッフが内部にいるのに対し、「住宅型」は外部から介護スタッフを呼ぶ**、という違いもあります。その他にも、細かい違いはたくさんあるんですが……、長くなるのでそこだけ覚えてください。

では、他にどんな施設があるんですか？　例えば、たまに名前を聞く**「グループホーム」**はどういう扱いになるのでしょうか。「グループ」で「ホーム」というと、なんだか敷居も低そうなイメージがあります。

グループホームへの入居条件は、**①認知症の診断書がある方、②介護認定で要支援2以上の方**、そして**③そのグループホームと同じ地域の住民票がある方**。これが最低限必要です。

逆に敷居が高いというか、いろいろな条件があるんですね。

グループホームは家庭に近い環境のなか、少人数で共同生活をします。一口に認知症といっても症状や進行はさまざまで、できないことばかりではありません。生活の中へ介護スタッフが入り、支援を行いながら、買い物や調理など普通の暮らしをすることで、機能維持や認知症の進行をゆるやかにしよう、というコンセプトの施設です。もとは北欧で始まって、2000年代に日本でも増えてきたという流れです。

目指すは「バンギャルサ高住」？

話を聞いていると、バンギャルみんなで老後を一緒に暮らすなら「**サ高住**」も良いのでは？　と思いました。

サコッシュ？

カバンじゃありません。わざと間違えてます？（笑）「**サービス付き高齢者向け住宅**」、設備がバリアフリーだったり、見守りスタッフが常駐している賃貸住宅のことですよね。ウチの親も、「早めにそういう施設に入るのもアリかな～？」とはよく言っています。

へ～、資料を見ると、「認知症相談」とか、特徴が施設ごとにあるんですね。これは心強いかも。

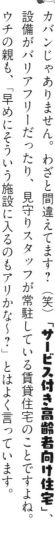

ただ、「サ高住」は「老人ホーム」ではなく、あくまで「シニア向けの賃貸住宅」です。ここでいう**「サービス」とは、高額な入居金は不要で、①安否確認 ②生活相談の二つ。**希望者には掃除や食事の提供などがあります。60歳以上であれば、自立したお元気な方から入居できますが、実際は要支援・要介護者が約8割を占め、介護施設に近い雰囲気の物件もあります。建物に介護専門のスタッフは常駐していないので、要介護の入居者は外部の介護サービスを利用します。この点は、住宅型有料老人ホームと同じですね。

料金も、敷金が数十万円、月額が15～20万円なら、普通の賃貸よりやや高いくらいですね。

有料老人ホームと比べると割安なので入居しやすいんです。年をとって一人で暮らすには不安だけど、まだ老人ホームや介護を受けるには早いというシニアの方にはぴったりですね。一方、国としても、「サ高住」の整備を促進しているようで、参入している業者にも国から補助金が出ています。そういう背景もあって、今後も増える可能性が高い施設ですね。ただ、人員体制に決まりがないので、寝たきりや認知症になっても住み続けられるかというと、施設によってまちまちになるので、そこが懸念ポイントでしょうか。

将来、**「バンギャルサ高住」**を作ることだって可能なんでしょうか……？

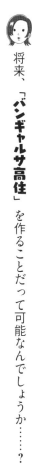

規模にもよりますが、やはり、ある程度まとまったお金は必要になりますね。

わ～、身も蓋もない。

う～む、実際どのくらいお金がかかるんでしょう。さきほど、「自分の理想の施設を作ろうと独立する人がいる」という話をされていましたが、お話を聞いてみたいですね。

そういう方なら、心当たりがあるかもしれません。

MEMO

「老人ホーム」だけでなく、さまざまな種類の施設があるとわかりました。名前は聞いたことがあったもののどんな施設か知らなかったり、そもそも存在自体を知らない施設もあったり……。本当に、知らないことばかりでした。とはいえ、「知らない」ことは恥ずかしいことではないので、これからさまざまな「理想の老後を過ごす場所」を作った人たちに話を聞けば、私たちの「バンギャル老人ホーム」への道筋も見えてくるかも!?

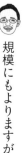

必要なのは人間力？　賃貸で理想の施設を作った人に会いに行った

自分たちの手で理想の老後を過ごす家を作る——。そんな夢みたいな話を実現している人がいました。佐久間洋子さんは、病院や施設での看護経験を経て、「もうひとつの家のような場所を作りたい」と「ナースさくまの家」を立ち上げました。場所は東京都・三鷹市にある賃貸（！）の一軒家。まさに実家のような安心感のある空間で、「理想の場所」を作るために必要なことを伺いました。

実家みたいな空気感、ゆるゆる暮らせる一軒家

ナースさくまの「家」というだけあって本当に一軒家なんですね。

ここは、さまざまな事情で、自宅や病院で暮らすことが難しいけれど、医療が必要な方の駆け込み寺のような場所だそうです。施設と比べて規則もゆるく、好きなメニューの食事

佐久間洋子（さくま・ようこ）

1983年東京警察病院看護専門学校卒業後、東京警察病院に入職。榊原《さかきばら》記念病院、杏林《きょうりん》大学医学部付属病院、訪問看護ステーション、老人保健施設、特別養護老人ホーム勤務などを経て、2013年1月に「ナースさくまの家」を開所。

がとれたり、夜ふかしもＯＫなんだとか。

この空気感、**なんだか実家みたい**で落ち着きますね。わっ、**リビングにはアイドルのポスター**も貼ってある！　こういうところで、みんなで夜中にライブ映像を観て暮らす老後もいいかもしれない……！

おお、家庭菜園もある！　写真で見た老人ホームとは大きさも全然違いますね。

ここは「老人ホーム」じゃないのよ。そもそも私自身も「介護」を提供する老人ホームだと思っていないし、届けを出してないんですよ。

法律上は「老人ホーム」とみなされても、あえて届けを出していないホーム。私も耳にしたことがあります。

「老人ホーム」として届けを出すと、一人あたりのスペースの広さとか、いろいろと細かいルールに縛られちゃうのよ。

メジャーデビューすると制約が増えるから、**あえてインディーズのままでいるバンドみた**

いだ……！　それで問題はないんですか？

消防署の指導が入ったときは、**クラウドファンディング**で資金を集めたりしたわね。

それもなんだかインディーズバンドっぽい！　どうしてこういう家を作ろうと思ったんですか？

身寄りがないだとか、さまざまな理由で家族が面倒をみることが難しい人っているじゃないですか。そんな行き場のない人が病院で死ぬ以外の選択肢、もうひとつの家のような場所を作りたくて、このシェアハウスを始めたの。

理想のシェアハウスは賃貸でもできる！

佐久間さんは看護師だったそうですが、その経験があったからこそ、こういう場所を作りたいと考えたのでしょうか。

30年以上病院などで働いていて、いろんなことに疲れていたの。そんな時に他県で、ここみたいな**小規模のホームホスピス**を運営している人の話を知ってね。

手すり
賃貸物件です
スプリンクラー
階段昇降機
130万円
大朗報
賃貸物件でも老人ホームができる

ホームホスピスとは、民家を活用して終末期の患者さんや障害を抱える方を受け入れて自宅に近い環境で最期までの暮らしを支える場所ですね。２００４年頃から増えてきています。

そこで、「私もなにかできるんじゃないかな？」と、この一軒家を借りたんです。

ちょっと待ってください。「借りた」とおっしゃいましたよね⁉　こんなにガッツリとリフォームしてますが、ココは賃貸なんですか？　とくに都内の一軒家って２年ごとに契約をし直す必要がある「定期借家契約」のところが多いですし。

そうなの。家主さんからはリフォームの許可はもらってるし、定期借家だけど「できるだけ長く住んでほしい」と言われてます。ちなみに1ヶ月の家賃は17万円。

おお、わりと現実的な金額ですね……。

この家を見た時に「自分たちで老人ホームを作るには、まずは都内に持ち家が必要なのか。道のりは遠いな」と思ってしまったので、**「賃貸でもできる」**という話は、かなり心強いですね。

最初にかかった費用は、敷金礼金と、階段昇降機の費用が130万円くらいで、他のリフォームも含めて合計200万円くらいかな？　あとはウチの親がなぜか布団をたくさん持っていたので、それはタダだったのよ（笑）。

初期費用はそのくらいなんですね。ちなみに、我々のようなド素人が自分で施設を作ることと自体は、現実味ってありますか？

あるんじゃない？

やったぜ！（ガッツポーズ）

趣味が同じだからこそ、相容れないこともある？

でもね、「趣味が同じ」だからといって人間関係がうまくいくわけでもないじゃない？　例えば定年退職して趣味を始めるおじいちゃんも多いけれど、これまで人の上に立っていたから、やたらと「教えたがり」の人も多いし。自分より上手な人がいたら、機嫌が悪くなる人も出てくる。

ああ～、目に浮かびますね。趣味に愛情やプライドを持っているからこそ、ぶつかり合ってしまって人間関係がうまくいかないケースもありますよね。

そうそう。例えば、少し前に人気アイドルグループが活動休止を発表しましたけど、ファンといってもそれぞれの思い入れは違うでしょ。そのアイドルグループの熱心なファンだった入居者さんの前で、同じくファンのヘルパーさんが「あら、メンバーもそろそろ結婚かしらね？」とか言っちゃうんですよ。そうなると「やめてよ！　何でそんなこと言うの!?」って泣いちゃったこともありました。

入居者同士でも起こりうる話！　たしかに趣味が同じでも、人によって愛で《め》方の違いというか、スタンスの違いがありますもんね。アーティストのファン同士の場合、活動休止と

か結婚とかが発表された瞬間に宗派違いによる受け取り方の違いが如実に出てギスギスしてしまう。みんな好きなものは同じなはずなのに。

そうそう。好きなものが同じだからこそ、相容れないこともあるんですよ。

こういう不毛な小競り合いは思春期で卒業したかったし、できると思ってたけど、**大人になってもモメっぱなし**ですからね。老後もきっと変わらないのかも。一生思春期なんだろうか……。

「理想のホーム」を作るのに必要な資格は？

こういう施設を作る場合、必要な資格など

はあるのですか？

絶対必要な資格はないけれど、**介護保険の知識や、高齢者向けのサービスの相談窓口を把握しているのは大事**なんじゃないかしら。まったく知識がないのはさすがによくないけれど、最初から完璧な知識がなくてもいいと思う。
それに、同じ趣味で集まっても、相手のことは、全部理解できるわけじゃない。違う個性が出るのが面白いんじゃない？　資格ではなくて、「人間力」が必要になってくるのかな。

介護職員初任者研修は取ったものの、現場知識は皆無なので不安が少し解消されました！

あら、あなた、資格を持っているの⁉　ここで働かない？

おおおお？

リクルートだ！

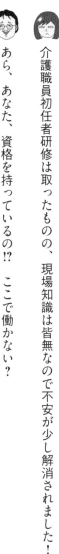

MEMO

自分の力で「誰かにとってのもうひとつの家」を作った佐久間さんは、とてもバイタリティあふれる方でした。佐久間さんは2019年にはなんと、Netflixの人気番組「クィア・アイ in Japan!」に出演。「ファブ5」と呼ばれるイケてるゲイの皆さんの手で、ファッションやインテリアを大改造するこの番組。いつも周りを気遣っている佐久間さん自身のケアの話になる展開に思わず涙……。介護を必要としている人だけでなく、介護する側のケアについても気づかされる番組でした。そして、取材中に「佐久間さんって、パワフルですごいな」と一面しか見ていなかった自分の考えの浅さにも気づきました。

その後、「ナースさくまの家」は、2021年8月からNPO法人グレースケア機構に運営を譲り、医療付きシェアハウス「むかいのさっちゃん」となりました。そして、佐久間さんは次頁に登場する「那須まちづくり広場」にて、ナースと暮らす終末期のシェアハウス「みとりえ那須」開設に向けて準備を進めています（2023年3月オープン予定）。

家族以外の気の合う友達と老後を過ごしたい
——理想の老後の暮らしが那須にあった

東京から新幹線で1時間半、「遠征（※ライブなどで遠出すること）」状態でやってきました那須高原。「那須まちづくり広場」は、廃校を利用した住居やデイサービス、カフェ、マルシェ、ホールなどが集まったコミュニティ。運営に関わる近山恵子さんは、30年以上高齢者住宅やケア、町づくりに関わってきた超・先駆者。そんな老後のプロのお話、金言だらけです。

「生き方の近い人」と暮らすための場所を作りたい

わあ！　見た目は学校そのままなのに、中はバリアフリーだし、カフェだったりお店だったり、住宅もあるんですね。

きれいな2DK！　ここは、多世代賃貸住宅（セーフティーネット住宅）ですか。お風呂とトイレも別だし、今後東京から離れることがあれば住みたいかも。他にもプールを改修

近山恵子（ちかやま・けいこ）
1949年生まれ。那須まちづくり株式会社代表。雑誌「Oil」編集代表。1987年より「友だち村」「ゆいま～る」シリーズなど多くの高齢者の住まいをプロデュース。共著に『どこで、誰と、どう暮らす？　40代から準備する共生の住まいづくり』など。

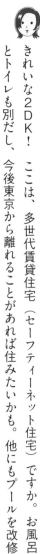

した要介護の方向けのサ高住や、校庭には自立の方向けのサ高住があるんですね。高齢者向けデイサービス、障害のある子供たちのための放課後等デイサービス、前の項にご登場の「ナースさくまの家」の佐久間さんが手掛ける「みとりえ那須」も2023年3月には開業するとか……。**ここは高齢者ケアのアベンジャーズ★1基地ですか？**

まさに「町」ですね。そもそも、近山さんはなぜ介護や高齢者に関わる活動を始めたんですか？

母親の介護がきっかけよ。いろんな施設に行ってみたし、自宅の改修などいろいろなことを試したけど、彼女は最後まで**「自分らしく生きる」**ということに満足できなかったように感じたのよ。母は看護師で、女手ひとつで私を育ててくれたのだけど、寝たきりになっても自分の職業に誇りを持っていて、若い人に看護を教えたい。そのために、一緒に働いていた同僚の女性に最期まで会いたがって

入居者も地域住民も自由に利用できるカフェ（上）
多世代の暮らしを応援する賃貸住宅の居室（下）
元学校なので天井が高く、風通しのよい開放的な空間
（※画像提供：那須まちづくり株式会社）

★1　マーベル・コミックのスーパーヒーローチームを原作とする、2012年のアメリカの映画。

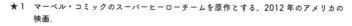

いたの。その同僚の方を探し出してみたら、彼女も寝たきりになっていたけれど、母と同じ願いを持っていたのね。でも、それは叶うことはなかった。

お二人が近くに住んでいたり、ＳＮＳがあって連絡をとり合っていたら、もしかしたら違った最期だったかもしれませんね。

だから、趣味でも仕事でもいいんだけど**「生き方の近い人」が側にいることが大事**なんじゃないかな。極端な話、介護をしてくれる人はお金を払えば来てもらえる。でも、その人自身の生き方をわかってくれる人はなかなかいない。それが、自分たちでコミュニティ作りを始めたきっかけなの。

「素人」「女性」だからこそ「困りごと」をシェアできた

それで高齢者のための家を作ろうと考えたのですか。

高齢者のため「だけ」じゃないわよ！ それに家だけでもだめ。さっきあなたが「住みたい」と言っていた住宅はシングルマザー・ファーザー優先の多世代賃貸住宅なの。若い人も住みやすい、働きやすい場所にしなくちゃね。だって、高齢者住宅だけの町があったとして、その10年後を想像してごらんなさい？ **あっという間に限界集落**よ！ そもそも

「年齢による特別な暮らし方」なんてないからね、混じり合うのが当たり前じゃない？

たしかに……。だから、「町づくり」なんですね。近山さんはお母様の介護をしていた頃は、臨床検査技師だったそうですね。今では「ゆいま～る」シリーズ★2など数々の高齢者住宅をプロデュースするなどのキャリアを築いていますが、素人からのスタートですよね。不安はありませんでしたか？

むしろ、**私の強みは「素人」だったこと**なの。最初はよく言われたわよ。専門家の人たちに「それは無理だよ」「やったことない」って。でも、それってお金の問題なのか、スケジュールの問題なのか、技術の問題なのか……どの「できない」なのかわからないのに単にダメだと言われると、「それは違うでしょう」って食ってかかっちゃって。なんせ素人だから、わからないのが当たり前でしょ。だから、ガンガン質問するわけよ！（笑）

強い。30年以上前っていうことは、今より男女の格差も厳しかった時代なのに。

そうね。でも、だからこそ女性たちの悩みがわかるのも強みだったと思うわ。**女性たちが自分たちの困りごとをシェアすることで、助けあって支えあうことができる**んじゃないかと思ったの。私や彼女たちが困っているんだから、同世代に同じような悩みを抱えて

★2　「介護」される「施設」ではなく、入居者同士が支え合いながら自分らしい生活を送ることをコンセプトにした、株式会社コミュニティネット運営のサ高住シリーズ。

いる人がいると思っていたし、そうしたらやっぱり共感してくれる仲間が集まってきてくれた。
当時の社会になかった、最期まで自分らしく生きていくことができる家を作りたかったの。それで、今でいう小規模多機能プラス、サービス付き高齢者向け住宅を作ろうと、言い出しっぺがお金を出しあって会社として作ったわけ。

理想の暮らしを叶える家っていうのは、どんなものだったんですか？

仲間の一人が身体が弱かったので「好んで人が来るような場所」を作りたかったのね、**「文化のある場所」には人が集まるから。**ホールやミーティングルームがあって、お庭でなにかを作ったり育てたりできる家よ。完成した集合住宅に、私は母と一緒に入居したの。

まさに「困りごとをシェア」することで生まれたんですね、素敵ですね。

今も広場にはいろいろな人がやってくるから、障害に限らず思いもよらない相談もくるの。例えば化学物質過敏症や精神障害のことだったり、子供と大人が一緒に遊べる「冒険遊び場」が裏山に欲しいだとか、それをみんなで解決するの。これは「人が集まる」ことの良さよね。

でも、それって個人でもできますよね。自分が個人事業主だからわかるのですが、「会社にする」って手間も責任も大きいから、大変なのでは。

そういう家を個人で作っても、その人が事故や病気で突然死んじゃったら終わりじゃない？

持続可能な仕組みが必要だったということですね。

今だってこの会社を立ち上げたばかりで大変よ〜！　できたばかりの、しかも70代の人間がやっている会社にお金を貸してくれる銀行なんて少ないしね。でも私たちのやってきたことの積み重ねを理解して、融資してくださる銀行もありました。

すごい！　そうやっていろいろな人を巻きこんでいくパワーがすごいですよ。

でもさ、あなたたちがやりたい「バンギャル老人ホーム」だっけ？　**趣味の世界だって、大人から子供まで交じっているものじゃない？**

たしかに近年はとくに、バンドのライブでもファミリー席や託児所といった、家族を想定したサービスが増えています。そう考えると、**趣味でつながる多世代コミュニティ**があってもいいのかもしれないですね。

バンギャル仲間も「自分で選べる家族」だった！

私は一人っ子なうえに最近バツイチになりまして、頼れる家族がいない老後を迎える気がして震えています……。

そもそも、家族に任せるのは間違っているわ。介護は社会的に解決すべきもので、個人的なものではないの。日本の介護保険制度は優秀なんだから、そこを活かしていくには、どうしたらいいのか考えないと。もう血縁の時代じゃないでしょ、**自分が「一緒に住みたい」と思った人が「家族」**じゃない？

自分が「一緒に住みたい」と思った人が「家族」、金言出ました。

ハッ！　私が高校生くらいの頃、バンギャルの集会やケータイのプロフィールサイトで知り合ったバンギャル同士が、「旦那」や「嫁」、果ては「子供」や「ペット」になりきったグループを作るのが流行ってたんです。つまり、**「自分で選べる家族」**とはそういうこ

とでは？

バンギャル、時代を先取っていた……!?

血縁にとらわれると、ロクなことにならないわよ。そこは自分本位で、自分がどう暮らしていくのが幸せなのかを考えたほうがいいはず。他人の介護なら、ある程度距離を持って接することができるけど、家族同士ではなかなか難しい。私は以前ホームヘルパーの研修もやっていたけど、最初に「自分がヘルパーで稼いだお金で、親の介護は他のヘルパーに頼みなさい」と言ってましたよ。簡単に介護離職しないで、**社会の課題は、社会にやらせないとダメ**。

それに、今は裕福な高齢者も多いけれど、私たちが高齢者になる頃はきっとそうではない人もたくさん出てくると思うんです。最近のニュースを見ると、「まともな老後を送るには、年金以外にもウン千万円の蓄えが必要」なんて、世知辛い話も多くて。

我々の世代って老後に対してのポジティブなイメージがあんまりないので、将来について考えると「5億円欲しい！」みたいな現実逃避にしかならないんですよね。

あなたたちの世代のほうが大変よね。でも考えてみて。根拠のない不安は抱える必要はないの。私は脳にはキャパシティの限界があると思っているから、不安をたくさん抱えていたら、その分人生を楽しむキャパシティが減っていくよ。「自分が何を不安に思っているのか」を考えて、知識をつけて人生設計をしていくしかない。そのためのバイブルとして「Oi!」という雑誌を発行しているの。「Oi!」には、生活設計の作り方と実際の様子が、具体的に書いてあります。参考にしてみて。それに、生活と政治は密接してるから、当然選挙には行くことね。

それも大事なことですね。

もちろん、私と同じ考えを持つ必要はなくて、人生において自己表現するために「知ること」はとても意味のあること。若い人たちには自分で学んで自分で判断する力をつけてほ

★3　近山さんたちが慕う、1904年生まれの女性解放運動家。戦前から女性の権利運動に身を投じ、70代で近山さんたちのようなウーマンリブ世代と交流を持って、さまざまな活動をされていたようです。

しいの。今日は最後に、私の人生の師匠である小西綾★3さんが残した素敵な言葉を紹介させて。「**皆さんこんないい時代はありません、お手本のない時代です、自分の頭で考えて生きてください**」

肝に銘じます★4。今日は勉強になりました。

MEMO

思わず「住みたい！」と思うくらい素敵な場所でした。でもそれは昨日今日生まれたものではなく、近山さんたちが数十年かけて積み上げてきた、そしてもっと前の世代の女性たちから引き継いできた知見あってこそのもの。私たちの世代が「老後」を迎える頃には、祖父母や両親の時代と違う未来が待っているのだと思います。まさに「お手本のない時代」。でも、だからこそ「私なりの未来」を考えていかないといけないのでしょうね。近山さんのような先輩から学べることは多そうです。

★4　小西さんのこの言葉、蟹めんまはV系界の標語「何にもないって事、そりゃあ　なんでもアリって事　君の行きたい場所へ何処でも行ける」（『ROCKET DIVE』〈作詞：hide〉より）に通じるものを感じました……！

ルームシェア生活から考える、「老後は気の合う女友達と」の現実味

大先輩たちもおっしゃるように、老後を過ごす相手は血縁者のみにこだわる必要はないし、「価値観の近い人」と過ごすという選択肢は大いにアリ。ぶっちゃけ私はそうしたい。ただ具体的に実践するにはどうしたらいいのでしょう？　現在、女性４人でルームシェアをしているけれど、このまま老後まで行けるか？　というと、いろいろ懸念もあるわけで……。

アラフォー女性４人（オタク）の快適ルームシェア生活

私は5年前から、都内の一軒家でアラフォー女性と４人暮らしをしています。ちなみに全員オタク。この暮らしは大変快適です。家賃、光熱費、あるいは食費などは一人暮らしよりも複数人で折半したほうが負担は少ないですし、仕事が忙しい、体調が悪いなどの理由で家のことができないときも残りの３人で生活を回すことができます。そしてオタクが４人もいれば、漫画、アニメ、ゲーム、小説、舞台etc……家には楽しいエンタメがあふれ

ています。人の推しを知るのは楽しい！　それに、もともと「SNSを通じて知り合ったオタク友達」で、幼馴染とか大親友というわけでもなく、精神的にほどほどの距離感であることが幸いしているのか、大きな揉《も》め事もなく楽しくやっています。万人におすすめできる暮らし方かどうかはわかりませんが、私には向いていると思っています、そうでないと5年も続かないですよ。

私は今は結婚しているけれど、女性のほうが長生きだし、いつかはひとりになるかもしれません。そうなったら気の合う友達と暮らせたらいいなぁ、と考えたりしますね。

そうですなあ、ネットを眺めていても「老後は仲のいい友達と」という人は少なからずいるようです（実現させたいという気持ちの強さには、それぞれ差があるでしょうけど）。この快適極まりない暮らし、「できればあと10年はこのままでいた〜い」と心の底から感じているものの、「〝一生〟は難しいかもな〜」と感じているのも事実。他の同居人はどう考えているのかしら？　というわけで、みんなに意見を求めてみました。ちなみに5年一緒に暮らしても敬語なのは通常営業です。これはオタクゆえか、「ほどほどの距離感」ゆえか……。

ルームシェアで老後も暮らせる？　同居人たちに聞いてみた

全員が健康という前提で、60歳くらいまでなら行けるのでは。でもその後は難しいと思いますね。

同年代でも、**老いのスピードは平等ではない**ですしね。

それもあるけど、まず〝親の介護〟というライフイベントが発生するでしょ。私は一人っ子なので、その時点で今のようなルームシェアを続けることができるのでしょうか……と。実家は東京から離れているので。

例えば、**介護休業は最大93日間取得することができる**けれど、それで実家とこっち、あるいは職場を、行ったり来たりするのもなかなか大変かもしれない……。

さっき「老いのスピードは平等ではない」と藤谷さんもおっしゃっていましたけど、今の私たちの生活って「自分の面倒は自分でみる」という前提で成立しているじゃないですか。たまに調子が悪い人がいたらサポートすることはあっても、「ずっと」というわけではないでしょう。

それは本当にそう。

C

親の介護、体調の変化、環境の変化など……なんらかの要因でその前提がなくなってしまった場合、残りの人員がそれを補う義務はないじゃないですか。仮に補えたとしても、その結果歪みや不満が出てしまう可能性が予想できます。そういう負担を「ルームシェア」というライトな人間関係の人たちに背負わせるのはフェアではないし、それが私自身の精神的負担になってしまうと思うんです。

A

私はフリーランスだから、将来もらえる年金は会社員より少ないんですよね。これからどんどんカットされるかもしれないし。そんな状況で他のみんなと足並みを揃えるのは厳しいかも……。

ウッ、耳が痛い！　今は肉体的にも経済的にも自立できているけれど、年金を筆頭に**「年をとって働けなくなったとき」の補助は、社会保険のある会社員とフリーランスだと違うこともある**んですよね……。

C

制度を利用してヘルパーさんなどの第三者に来てもらうこともできるけど、それも同居人全員から同意をとらないといけないですし。**そういう話し合いも、気力や体力があって**

こそ成立するものだと思っています。

そこを事前に丁寧に話し合う選択肢もあるとはいえ、それをやると「ほどほどの距離感」の関係性ではいられなくなる気がします。

ですよね。それは「家族」と変わらない。

それに、今の住んでいる賃貸物件は古い一軒家じゃないですか。今ですら修理が必要なことも多いのに、身体の自由が利かなくなってからも一軒家のメンテナンスをし続けるのは、かなり大変だと思います。対策として、介護付きの高齢者住宅みたいなプロによるケアがある程度手配されている環境ならば実現可能性はあるかもしれませんが、それは果たして「ルームシェア」と呼んでいいものなんでしょうかね。

みんな、マジレスの極みをありがとう〜。揃いも揃って、基本的には**「今の生活を続けるのは難しい」**という判断となりました。まあ、似た者同士だからこそ5年一緒に暮らせているのかもしれませんが（ここで実感してどうする）。

老後は「やっぱり家族」なのか!? 理想の老後と「親の老い」問題

現在のルームシェアの関係性は、「いつでも解消できる」からこその気軽さや配慮があって、それが精神的な快適さにつながっているのも事実です。なので、今の生活は「老後にみんなで助け合う」という暮らしとは少し異なるのかな、と。それに、今の制度だと、老いなどによって自立できなくなった場合、最初に（そして最後に）頼るのは家族……になりますな、どうしても。

う〜ん、老後は「やっぱり家族」になってしまうのは、どうしてなんでしょう?

現実問題、**入院などの手続きに関しては「ルームシェアの同居人＝他人」よりも血縁・戸籍でつながっている家族のほうが何倍もスムーズ**なので。例えば以前、私たちと同じようにルームシェアをしている友人が、病気で倒れて緊急手術をすることになったのですが、遠方に住んでいる両親が即座に病院に行くことができず、ルームシェアの同居人では手術同意書にサインができないため、手続きに手間取ったという話を聞いたことがありました。そのときに病院側から「**同性パートナーシップ制度**などを利用していれば」と言われたそうですが、単なるルームシェアにそれは適用できません。友人同士でもパートナーシップ制度が利用できる自治体もありますが、ごく少数のはず。道はまだまだ険しそうで

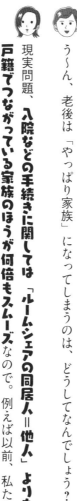

す。

でも、取材を通して佐久間さんや近山さんたちのような、血縁・家族以外で構成された老後の暮らしを手探りで作り上げている人たちが現実にいることはすごく心強いです。もちろん私たちが老後を過ごす未来には、社会状況は変わっていると思うけれど、「自分はどんな暮らしをしたいのか、そのためにはどうしたらいいのか」を考えることが大事なのかもしれませんね。

それにしても、ルームシェアメンバーの皆さん、かなり冷静に状況をみていらっしゃいますね。

全員わりとリアリスト。そこが我々の長所です。反対に夢がないのが短所ですが（笑）。

藤谷さんたちのルームシェアは「つかず離れず」がポイントですけど、病気になったり寝たきりになってしまったときは、「つかず」の関係性の継続は難しいのかもしれません。

まあ、家族だったらそのコストを問答無用で押し付けていいのかっていうと、それも違いますけど。例えば、早い段階で地域包括支援センターに相談し、信頼できるケアマネジャーと連携できるようにするとか、制度をもとに対策は思いつくものの、数十年後同じ制度

が使えるかどうかはわからないですし。これは政治の話になりますが。

制度、残っててほしいですね……!!

近山さんたちがおっしゃるように、前例が少ないからこそ面白いことも多いとは思います。しばらくは今の生活を続けたいですし、何らかの変化があったら発信していきたいものです。

MEMO

今のルームシェアの同居メンバーでそのまま老後に向かうのか、あるいは別の形になるのかはわかりませんが、自分の暮らしやすい老後の形を模索していきたいですね。それはそれとして、Bさんの言うとおり、自分の前に「親の老い」の話も考えざるを得ないですよね……。それは次章以降で！

次頁には介護施設の解説もありますし、まずは知識を入れることで具体的な未来を想像できるようになりたいです。

公的老人ホームにはどんな種類がある？

高齢者が一人以上入居しており、身体介助や生活支援などを提供している場合は「老人福祉法」の上では「老人ホーム」になります。公的と民間の施設があり、ここでは本文であまり触れていない、公的施設について詳しく説明します。

困窮している、介護度が重いなど特定の条件の方への支援を目的に設置されているものが、公的施設です。特別養護老人ホーム、介護老人保健施設、介護医療院が代表的で、これらは「介護保険施設」と呼ばれます。施設の種類によって、居室の広さや医師や看護師、介護職員、リハビリ専門職員の人員基準も定められています。

特別養護老人ホーム

（運営主体：地方公共団体、社会福祉法人）

通称「特養」と呼ばれる、要介護高齢者のための生活施設です。「老人福祉法」では、身体や精神に障害があり、日常生活を送るにあたって常に介護を必要としているけれど、自宅での介護が難しい65歳以上の人を受け入れることを目的としています。一部屋に複数人が入居する「多床室」や、一人一部屋の「ユニット型個室」などの居室形式があります。定員が29名以下と小規模で、地域の住民のみ入居できる「地域密着型特別養護老人ホーム」もあります。

介護老人保健施設

（運営主体：地方公共団体、医療法人）

通称「老健」と呼ばれる、要介護状態の高齢者に対して必要な医療とリハビリを提供し、日常生活のサポートを行うことで、ゆくゆくは在宅復帰を目指す施設です。

介護医療院

（運営主体：地方公共団体、医療法人）

2023年度末に廃止される「介護療養型医療施設」に代わり、新たに法で定められた施設。療養病床などのある病院や診療所で、必要な医療とリハビリを提供します。長期療養を目的にしているため、医療や生活のための部屋だけでなく、レクリエーションルームや談話室などの暮らしを豊かにする部屋も必ず設置されています。

その他にも、低所得高齢者のための「軽費老人ホーム」（運営主体：地方公共団体、社会福祉法人、知事の許可を受けた法人）や、環境的、経済的に困窮している高齢者のための「養護老人ホーム」（運営主体：地方公共団体、社会福祉法人）があります。

公的施設は民間施設に比べてかかる費用の自己負担額が少ないため、入居希望者が多く、地域によっては要介護と判定されても長期の入居待ち状態になることも少なくないようです。

そのため、民間施設（介護付き有料老人ホーム、住宅型有料老人ホーム）や、20ページでも紹介した、バリアフリー化された賃貸住宅に生活相談・生活支援サービスがついている「サービス付き高齢者向け住宅」（サ高住）も需要が高まっています。

なお、民間施設の料金は地域やサービスのグレードによってピンキリ。サ高住は賃貸住宅なので、月額家賃は地域にもよりますが15万～20万円程度から。特養の自己負担額は7万～14万円程度になっています。かなりの差がありますね。

また、国は介護予防を重視し、住み慣れた地域で可能なかぎり長く暮らすための支援やサービスの提供体制（地域包括ケアシステム）の構築を推進しています。

私たちの老後にはさまざまな選択肢があるようですが、将来どのくらい「選べる」立場にあるのでしょうか……。

理想のバンギャル老人ホーム
※法律費用面は考えずに描きなぐりました
車いすでも全館スイスイ移動OK
もちろん個室も完備♪
共有スペースにはいろんなジャンルの共用図書&DVD
あー明日は●●●のライブじゃん
今月のレクリ
レクはもちろんライブ
ふたりともヘドバンはさすがにやめてよ!
←ヘルパーさん
※老人ホーム地下
住人各々の健康状態に合わせた場所で自由にライブ鑑賞
ホーム住人専用シルバーゾーン
地域の若いバンギャル↙
ライブ後は自由参加の感想会
暴れすぎたわ今日はもう寝るわ〜
こんなふうに暮らしたい!
チェキ
誰かが召されたら
黒服限定GIGで盛大に人生終了《ツアーファイナル》〜
戒名入り銀テープ
またあの丘で†

第2章

理想の老後のため！考えてみた「介護」

理想の老後を実現するには、まず自分の頭で考えること。そのためには、介護や高齢者についての知識があったほうがいいらしい。オタクのネットワークを駆使して、詳しい人たちに聞いてみよう！……ということで、高齢者と関わる現場の最前線から知見を授かってきました。

バンギャルふたり、介護資格を取ってみた

具体的な老後をイメージするには、まずは知識が必要なのかも……。というわけで、本書の取材前後に介護の資格を取った我々。介護の世界で働く人の第一歩と呼ばれる資格、介護職員初任者研修です。実際どんな資格なの？　何を学ぶの？　学校にはどんな人がいるの？　ざっくばらんに語ってみました。

初任者研修を取得した理由

めんまさんと藤谷さんが取得したのは、「介護職員初任者研修★1」という資格ですよね。昔は「ヘルパー2級」と呼ばれていたもので、「介護の入門資格」という感じでしょうか。そもそも、漫画家とライターであるお二人が、なぜ介護資格を？

私はもともと、高齢者が身近だったというか……当時、漫画家をしながらスーパー銭湯で

★1　厚生労働省によると、「在宅・施設を問わず介護の業務に従事しようとする者」を対象に、「業務を遂行する上で最低限の知識・技術とそれを実践する際の考え方のプロセスを身につけ、基本的な介護業務を行うことができるようにする」ための研修。国家資格ではありませんが、厚生労働省認定の公的資格です。

働いていたんですが、スタッフもお客さんも高齢の方が多くて、すごくかわいがってもらっていたんですよね。自分の祖父とも仲が良くて、月1回祖父と遊ぶ会をやっていたんです。その祖父が2016年に入院しまして、一族の中に一人くらい介護の知識や資格がある人がいたほうが今後いいんじゃないか、と思ったのがきっかけではありますが、一番は「エッセイ漫画のネタになるぞ」とか「今後の働き口の選択を増やしたい」という私利私欲です（笑）。それで、翌年から学校に通って、2018年に資格を取りました。

我々の周りのバンギャル仲間に介護職が多かったから、身近だったというのもありますよね。

バンギャルさんに介護職が多いのは、ライブや遠征のためにシフト制で確実に休みが取れるからなんですかね。

それもありますね。私は2021年の初夏～2022年の初頭にかけて学校に通って取得★2しました。最短で1ヶ月半くらい、だいたいは3ヶ月で取れるのですが、私は仕事やなにやらでのびのびになり、半年以上かかりました……。この連載をやるうちに興味が出てきたというのもありますし、コロナ禍でライブ関係の仕事が減ってしまったことと、おひとりさまとして**将来の収入の窓口は複数あったほうがいい**よなと思ったのも大きいですね。

★2　介護職員初任者研修は、講義と演習（実技）で合計130時間のカリキュラム。週1～4回、自分のペースで通う仕組みの学校が多い。

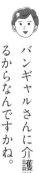

資格を取ってからわりとすぐにバイト探しのサイトから応募して、今、実際に訪問介護の仕事を週1～2回しています。

あと、**スクールの授業料が予想以上に安かった**んですよ。本来12万円くらいのところ、キャンペーンとかいろいろな割引が適用されて、最終的に5万円くらいになって。

私もコロナ割みたいなものがあって、7万円くらいでした。

自治体によっては、補助金や助成金を受けられるところもあるみたいですね。

資格スクールでの驚き
「人の身体はめちゃくちゃ重い」「40代は若い子」

具体的には、スクールでどんなことを学べるんですか？

知識面だと、介護保険制度をはじめとした制度のこと、高齢者の心身のこと、高齢者とのコミュニケーション、その他いろいろという感じです。身体を洗う、シャンプーする、ご飯の介助をするとかの実技は、受講生同士で実際にやりましたね。

私のときはコロナ対策で、食事介助は本物の料理ではなくおもちゃを使っての授業でしたね。高齢者だけじゃなくて、障害のある方についても勉強します。

演習で印象的だったのは、「**人の身体はめちゃくちゃ重い**」ってことですね。とくに、脱力した人間って本当に重くて……。

だから、**プロレスラーの人は介護職に向いてる**、なんて。

そうそう、実際、新田猫子★3さんという、介護職と兼業の女子プロレスラーさんがいましてね……（めんまさんはプロレスファン）。

スクールに通っていた同期の人たちは、どんな感じでしたか？　目的や年齢層なんかは。

10人くらいのうち、パートで介護の仕事に就きたい主婦層が2割、すでに介護の現場で働いている人が2割、海外出身の方が2割、その他が4割という感じかなぁ。私を含めたこの4割は、家族の介護に役立てたいとか、事業を畳んだので第二の人生とか、バンドマンとか、本当にいろいろでしたね。

★3　岐阜県出身、アイスリボン所属のプロレスラー。得意技は猫入り式十字固め。普段は猫語しか話せないが、飲酒すると人の言葉を話せるようになる。2015年後楽園大会で引退。

私が受けたクラスには、「相手を介護する時のため」という年上のパートナーを持つ女性もいました。でも、「それは家族でやらないほうがいいよ」とたしなめられていましたね。そうそう、教室のすみっこにいかにもプロ仕様の楽器機材が置いてあったので、「なんかやってるんですか？」と持ち主に聞いたら、メジャーデビューしたこともあるミュージシャンでした。「今は好きな音楽を続けたいから資格を取ろうと思って」と話していましたね。本当に動機はさまざまです。

ミュージシャン遭遇率が高い……！

楽器を持ってるからわかりやすいだけかもしれないですけど（笑）。スクールで驚いたのが、**介護の世界でアラフォーは「若い」**って、先生たちからめちゃくちゃ歓迎されるってことですね。

そうそう、訪問介護の面接とか現場でも、40代はチヤホヤされます（断言）。「あらぁ～若い子が来たわ！」みたいな感じで先輩がおやつをくれたりして、**自己肯定感が爆上がりしました**（笑）。

それだけ人材不足だという現実もあるんでしょうね。

タイヘンだけど
実は趣味と両立しやすい
医療介護職
夜勤明けなどはシフトの調整がしやすいよ!!

それはありますね。資格を取るときもすごく丁寧に教えてくれますし「試験には必ず合格させて、介護業界で働く人を増やしたい」という強い意志を感じました。

「家族の介護は要注意」という教え

私は当初は祖父とか親類の介護に役立てたいと考えていたので、最初に先生から釘を刺されたのが忘れられないです。「**家族の介護は要注意！**」って。

さっき話したように、私の時もありましたね。介護の仕事で稼いだお金で、プロに介護してもらいなさいって。

それは、介護関連の指南書によくあるよう

に、「介護離職で家族が困窮しないため」とか、「家族は司令塔の役割を果たして、実務はプロに頼むのがいい」といった理由なんでしょうか？

それもあると思いますが……実技練習の時、介護を受ける側も簡易的に体験するんですが、**プロにやってもらったほうが受ける側の気がラクな場合がある**と思ったんですよね。自分の場合だと、トイレ介助はプロの方にしてもらうほうが恥ずかしくなかったし、要望があるときも身内じゃない人のほうが話しやすかったりもしました。

それは私も訪問介護の現場で経験してますね。90代のお母さんのトイレ介助の時に、同居でお世話されている60代の息子さんは自然と席を離れていきます。もちろん夜間など家族の方がやらざるを得ない場面は絶対あるのですが、しないで済むときは「やらないであげる」のも大切な役割なんだなぁと。

他に、スクールでの教えや介護の現場で、意外だったことはありますか？

金髪やピンクなどの派手髪はOK★4なのに、ジーンズはNGとか。腕時計NGは怪我の危険があるから、マニキュアNGは食事を作る際の異物混入回避のため、とかはわかるんですけど。

★4　これは学校でもOKと言われましたし（長髪は結ぶ指示がありますが）、会社によるとは思いますが、藤谷が現在働いている訪問介護サービスでも何も言われず、むしろ黒髪に戻したときに「あら似合ってたのに残念」と先輩に言われました（笑）。

なぜにジーンズNG？　動きやすそうなのに……。

今の高齢者世代には、**ジーンズ＝不良**というイメージが強いから、という理由らしいです。とはいえ、利用者さんの中でも普段ジーンズを穿いている方もいますし、今後は変わっていくかもしれませんね。

私は「**シャンプーはメリット一択**」っていうのと、**介護する側**（要介護者の家族も含む）のケアについて教わることが多かったというのを、よく覚えていますね。

なぜにメリット一択!?　あっ……でもそういえば私の亡き祖母も、シャンプーはメリット派だったような……？

実際に高齢者に使って喜ばれるのは、圧倒的にメリットらしいです。もしかしたら高齢者世代にとってイケてるブランドというイメージがあるのかもしれないですけど、これを聞いてから私もメリットを使ってみたら、たしかに髪と地肌の調子がすごく良くなって……メリット、おすすめです。

介護する人のケアの話は、「ナースさくまの家」の佐久間さんが出演した「クィア・アイ

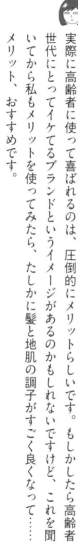

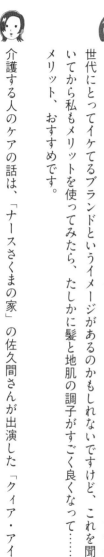

in Japan!」でもスポットが当たっていましたね。近年は介護される側だけでなく、家族など介護をしている側にかかる負担も社会問題になっています。私はまだ家族の介護に直面したことがないので、ニュースでそういった話を見ることはあっても、あまり想像できていないところがあります。

現実問題として、「バンギャル老人ホーム」というか、自分の老後を考える前に家族の介護問題がやってくる人のほうが多いでしょうし。もう少し、我々と世代や立場が近い人の意見も聞いてみたいですね。

あっ、介護の仕事に就いてる友人、しかもバンギャルなら心当たりがあります。

私もあります。ちょっと連絡してみましょうか！

MEMO

介護資格を取得して変わったことは他にもあります。例えばめんまさんの場合、知識がついたことで、道行く高齢者や障害のある方の手助けをすることが増えたとのこと。本人は「ネタのヒントがいただけるかもしれないし」とおっしゃっていますが、それだけじゃないでしょうよ（笑）。一方私は介護資格取得の勉強範囲がファイナンシャルプランナー検定とかぶっていることに気づき、そっちの勉強もしています。先日晴れて3級に合格しました。

バンギャル、ギャ男の座談会!? マジで自分の老後の心配をしてみた

医療・介護の分野には、バンギャル、ギャ男★1が実は多いんです。日々、高齢者に向き合うバンギャル、ギャ男たちは自分の老後についてどのように考えているのでしょうか？ また、彼らなら「バンギャル老人ホーム」の具体的なプランも考えてくれるかも！ ということで、座談会を行いました。

Aさん……40歳。V系バンドの事務所のマネージャーをしていたけれど、家庭の都合で地元に戻ることになり、老人ホームのケアマネジャーへ。

Jさん……26歳。有料老人ホームの介護福祉士。ライブに行くことを優先し、シフトの都合がつきやすい介護業界へ。

Yさん……35歳。70代、80代の患者さんが中心の整形外科を含む混合病棟で看護師として勤務するギャ男。以前は別業種でサラリーマンをしていたことも。

★1 ヴィジュアル系のファンの総称は「バンギャル」ですが、男性は「バンギャル男」を縮めて「ギャ男」と呼ぶことも。

YOUはどうして介護業界に？

Jさんはめんまさんのバンギャル仲間だとか。Aさんとは旧知の間柄だったのですが、この連載を読んでくれたそうで「今はバンドじゃなくて介護のマネジメントやってるよ！」とLINEが来たんです。Aさんは、なぜ介護業界に？

マネジメント経験を活かせて、地域に根差した仕事がしたかったんですよね。それで転職先を探していたところ、「介護もいいな」と思って今の会社に入りました。

Yさんとは**mixiの時代**★2からの付き合いですね。ある日、介護系のツイートが目に入るようになって、「転職したんですか？」とDMしました（笑）。

以前は別業種でサラリーマンをしていたんですが、その会社の月給だと、好きなバンドのライブで物販ガチャ★3も気軽にまわせないのが嫌だったんですよ（笑）。

物販ガチャ、1回500円くらいしますからね……！

そうそう（笑）。それにやっぱり30代に入って、生活や将来に漠然とした不安も生まれて、

★2　2004年にサービスを開始し、日本のSNSブームの火付け役となる。初期は招待制のクローズドなSNSという雰囲気で、「友人限定の日記」で内緒話をしたり、誰が自分のページに来たかわかる「あしあと機能」が気になったり、同じ趣味の仲間を探せる「コミュニティ」に入ってアピールしたり……。当然バンギャルさんもよく利用していましたよね。

一念発起して看護学校に通って資格を取ったんです。**資格職なので長く働けますし、シフトの都合がつけやすいのでライブに通いやすい**んですよね。

夜勤明けに、少し休んでそのまま遠征（ライブ）に行くこともありますね（笑）。

体力がある～！

元気なうちに、家族で絶対に話しておきたい二つのこと

この仕事をしていると、施設に入るか自宅で過ごすかだとか、お金のことだとか、自分でいろいろな判断ができるうちに、家族と話し合うことが大事だなと感じます。認知症が進んでしまうと判断が難しいですし。

そこを相談しなかったばかりに、家族間の揉め事は病院でもよく見かける光景です。

私事ですが、祖父が危篤状態で入院した時、その問題が発生しました。**銀行関係は本人が窓口に行けなくなると口座凍結に近い状態になる**んです。家族が代理でできることにも限界があって。その件もあって、親戚同士で今後のためにみんな「**終活ノート**[★4]」を作ろうって話になりました。

★3　文字通り、バンドの物販ブースに置いてあるガチャ（物理）です。カプセルの中にくじが入っていたり、グッズが入っていたりとバンドによってさまざま。ついつい何回もまわしてしまったり……。

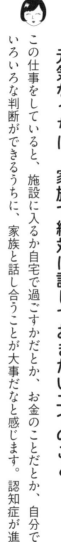

加えて「**延命治療**」についても話し合ってもらえると、こちらとしては助かります。

「延命治療」って、「**人工呼吸器をつけるか否か**」みたいな話ですか？

他にもいろいろあります。**輸血から心臓マッサージ、電気ショック、血圧が下がったときに昇圧剤を使うかどうか**……。

あとは**胃ろう**★5ね。胃ろうを延命治療だととらえていない人が多いんだけど……。

こちらとしては、できれば事前に「延命措置はどこまでやってほしいか」をご家族と相談して決めておいてほしいんです。**病院は家族が決めてくれてないと「全部やる」という決まり**になっています。例えば心臓マッサージって、とくに高齢者だと肋骨が折れてしまうこともあるのでアザだらけになってしまったり……。

えっ。

そうなんですよ。それくらいの力でやらないと心臓をマッサージできないそうです。私も祖父が入院するまで知らなくて。衝撃でした……。

★4　意思疎通ができなくなったときに、または死後にどのようにしてほしいか周囲の人に意思を伝えるためのノート。主に財産のことや、医療措置、葬祭について書き残しておく。

★5　口から食事をとることが困難な人が、胃から直接栄養を取り込めるようになる医療措置。胃に穴をあけ、チューブやカテーテルで栄養を送り込む。

元気なうちに考えておきたい！
どうする？延命措置
人工呼吸器
心臓マッサージ
胃ろう
昇圧剤の使用
電気ショック

かなり苦痛をともなう治療でもあるので、「お父さんのこんな苦しそうな姿見たくなかった、もっとよく考えて判断すればよかった」と悲しむ家族の姿を見ることもあります。人工呼吸器につなげてなんとかその場で延命できたとしても、心肺機能が落ちているためにもう外すことが難しい場合もありますし。

やるせないですね。知らないことが多すぎる。

「その時」が来たら、**いきなり医師から「どうしますか？」と聞かれる**ので、難しいかもしれないけど、できる範囲で家族が元気なうちに知っておけることは知っておいて、相談しておくにこしたことはないです。

認知症が進むと、そういう決定も家族にどんどんゆだねられてしまい、本人の意思ではなく、家族の意思で生かされることになります。

家族にとっては、難しい選択ばかりだし、当然自分にも起こりうること……。

あなたは入院した家族の「ローディー」★6になれるか?

めんまさんは、おじい様の入院時には付き添っていたとのことで。

親族交代で病院に通ってました。看護師の方々にご迷惑かなと思いつつ、たまに病院に泊まったりもしてましたね。夜中は無意識に動いて酸素マスクを外してしまうので、5分おきにつけ直しに行くこともありました。**まるでローディー**です。

迷惑なんてことはまったくないです。夜勤の場合は一人のスタッフにつき20人以上の患者さんを看たりすることもあるんで、むしろありがたいです。

ああ、よかった! ずっと「お邪魔かな」と気にかかっていたので。

胃ろうや酸素マスクを自分で外してしまう人は少なくないけれど、夜勤帯だとスタッフの

★6 アーティストがライブを行う際に、楽器の手配や管理、セッティング、メンテナンスなどを行う仕事。アーティストの弟子的な立場の若手が担う場合が多い。

人手が足りないこともあって、病院の場合はそこで「抑制」といって、ミトンをつけたり、身体を帯で拘束したりすることもあるんです。命を守るためなので仕方ないとはいえ、僕らも心苦しいです。

拘束問題はニュース番組で見たことがあります。

病院は命を守るところなので、必要なことだと頭ではわかっているものの……。入院した入居者さんのお見舞いに行った時に、拘束されている姿を見るのはつらいです。ご家族の付き添いがあればスタッフも助かっているかもしれません。

とはいえ、あれはコロナ前[★7]だからできたことですね……。

身体拘束の是非は、医療・介護の業界で議論になっていますね。身体拘束を取り上げた報道番組が放送された次の日はTwitterにいる医療や介護業界の皆さんがこの話題で持ちきりでした。

以前取材した施設でも「拘束してません」というポスターが目立つ場所に貼られてあったのを覚えています。

★7　コロナ禍以降は、基本は面会禁止、スマホを利用したオンライン面会などが多いようです。ただし、急変時のみ、ごく少人数ならば家族に限って短時間での面会が許可されていたり、一部の老人ホームでは、ガラス越しや防護服を着用しての面会が可能なところも。

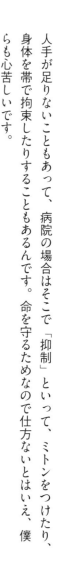

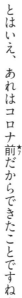

病院と介護施設だと身体拘束の扱い方が大きく違っていて、**介護施設での身体拘束は慎重な手続きを踏んで行われる**んだよ。

同意書があった上で、「この時間にはやりました」「こういう対策をしています」という記録をとらないといけないし、施設によってルールも複雑なんです。

たまに介護施設での痛ましい事件が報道されますけど、現場を経験してる人なら「加害者に問題がある」の一言では済ませられない部分もあると思います。例えば利用者さんが認知症、あるいはほかのやむを得ない病的な要因で、自分自身や他人に危害を加えてしまう場合、拘束なし、少人数のスタッフでどこまで利用者さんやスタッフの安全を守れるのか？　そういう環境にも少なからず事件の要因はあるのだろうと考えてしまいます。

ギリギリの人数で回しているところもたくさんありますし、**労働環境と自分の良心とのせめぎあいの中で、ギリギリ利用者の命が守られている施設はあると思う**。そこで良心の糸がプツンと切れてしまったときに何か起きてしまうのでは。人によって「耐性」は違いますからね。

夢が広がる！　バンギャル老人ホームのレクやリハ

施設での運動とかレクリエーションってどんな感じですか？　我々V系でいうと、**Dacco★8のエアロビコンサート**なんかが有名ですが……。

振り付けにスクワットのあるバンドもいますよね。

エアロビコンサートは、私の周りの同年代バンギャルの間でも「健康になれそう！」と、評判でした。

僕ら世代が高齢者になる頃は、そうしたバンドが介護予防体操を作って広がっていくのかもしれないですね。病院や老人ホームではレクリエーション、リハビリの一環として運動の時間が必ずあるんです。ウチもそうなんですけど、無気力な患者さんでも、その方の若い頃の流行歌を流したら笑顔になるんです。**音楽の力はやっぱりすごい**と思います。

私もそう思います、認知症がすごく重くて会話もままならない入居者の方がいるんですけど、「月が出た出た〜っ♪」って歌ったら、「よいよい」って合いの手は絶対入れてくれるんです。

★8　Psycho le Cému の Lida と YURA サマにより結成されたユニット。固定観念にとらわれないエンターテインメントをモットーに活動し、エアロビクスのインストラクター資格を持つ YURA サマがレクチャーするエアロビコンサートはテレビでも紹介されるなど話題に。

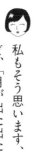

コールアンドレスポンス！

昔の曲じゃなくても、自立度が高い方（介護の必要性が少ない方）を対象に、ちょっと激しめの運動をするレクリエーションで、DA PUMPの『U.S.A.』が流れたことがありましたね。担当者の趣味で。施設内がざわつきました（笑）。

私、仮に将来要介護になってもLUNA SEA★9の『WISH★10』のイントロが流れたら、きっとジャンプするんでしょうね。

足元には気をつけないと……。

趣味に入れ込む人同士、うまくいかないことも……

でも、趣味って熱心な人たちが集まると人間関係が面倒になっちゃうこともあるじゃないですか。私の勤務先でも、囲碁に対して熱が入りすぎて入居者さん同士がケンカになってしまったことがあったんですよね。

オタク同士の**価値観の違いから来るトラブル**、これはもはや一生の問題なんですね。

★9　1989年に現メンバーで活動を開始し、92年にメジャーデビュー。『ROSIER』や『I for You』など数々のヒット曲を発表。2000年に解散するも、07年に一夜限りの復活を遂げ、10年に本格的な活動を再開。

★10　LUNA SEAのライブ定番曲。冒頭の「I WISH!」に合わせてみんなでジャンプするのがお約束。

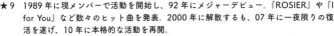

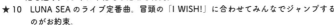

ウチでもあったなあ。そういう意味では、あんまりひとつの趣味に特化しないほうがいいのかもしれないね。

最初は仲が良くても、認知症の進み具合や体調の問題で、疎遠になっていくケースもありますよね。そういう意味では、**つながる仲間は複数いたほうが良いし、つながる趣味もひとつじゃないほうがいい**のかも。例えば僕は、昔は失礼ながら「EXILEなんてどこがいいんだろう」なんて思っていたんですが、『HiGH&LOW』★11シリーズにハマってからLDH★12のことが大好きになってしまって……。

それは私の周囲でも、よく聞く話ですし、恥ずかしながら私自身もそうです。年齢を重ねると、視野が広がるし、アーティスト側もいろいろな挑戦をするから、趣味が増えることは多々あります。

そうそう（笑）、他にもソシャゲだったりアイドルだったり、いろんな趣味をかけもち★13している人も多いと思うんです。

「かけもち」オタクがたくさんいて、さまざまなクラスタ同士がゆるくつながった、Twitterのタイムラインみたいな施設がいいのでしょうか。将来、身体が動かなくなって

★11　LDHが総力を結集したドラマ、映画、漫画、ゲーム、宝塚などさまざまな形で展開するエンタメプロジェクト。「SWORD地区」という無法地帯を舞台に、LDHメンバーや人気俳優たちが熱い戦いを繰り広げます。ゴールデンボンバーも出演。

★12　EXILE TRIBE、元サッカー選手のラモス瑠偉、韓国の俳優マ・ドンソク、そして我らがMIYAVIまで所属する芸能事務所。社名は「Love, Dream, Happiness」の略。

もVR[★14]でつながれるSNSみたいなものができたとして、そこで自由に行き来できたらいいのかもしれないですね。

現実には別々の場所にいたとしても、VRでゆるくつながれる……みたいなのもアリかもしれないですね。長年リアルで会っていなくてもSNSで近況を知れていれば、疎遠にならないイメージなので、何かしらのオンラインはいい距離感だと思います。

MEMO

現場で働く人たちの声を聞くのはとても勉強になりました。今の高齢者と、自分たちの時代ではきっと違うことも多いかもしれませんが、現在の延長線上に未来があるのは間違いありません。現在のリアルを知ることで、未来について考えることができるのではないでしょうか。決してバラ色の未来ではないかもしれませんが、できることはまだまだあるはず。

★13　世は一大「推し活」時代。バンドやアイドル、漫画、アニメだけでなく、2.5次元や宝塚歌劇団などの観劇やソーシャルゲームまで、いろいろな趣味を持っている人がいます。今後は老後も「推し活」がキーになってくるのかも……？

★14　「Virtual Reality」、「仮想現実」のこと。現在でも、ベッドの上からバーチャル空間で旅行できるようなシステムも存在するそうです。

地域包括支援センターってどんなところ？ 老後の不安をぶつけてみた

地域の介護の中心的な存在である「地域包括支援センター」。困りごとはまずここへ、とはいいますが、実際どんなところなの？ 何が相談できるの？ 何をしてくれるの？ お金はかかるの？ 冷たくあしらわれたりしないの？ 疑問は尽きません。そこでさっそく、関東近郊のとある地域包括支援センターのセンター長・山本武尊さんにお話をうかがってきました。

「地域包括支援センター」は高齢者のよろず相談所

そもそも、「地域包括支援センター」というのはどんなところなんですか？

「地域・包括・支援」って、あまり具体的なイメージがわかないんですよね。

まず名前が長いですよね（笑）。わかりやすくいえば、「**65歳以上の高齢者のよろず相談**

山本武尊（やまもと・たける）

地域包括支援センター・センター長。社会保険労務士。大学（福祉学）卒業後、大手教育会社を経て、介護業界へ転身。社会福祉士、主任介護支援専門員などを経験したのち現職に。

所」とご理解ください。**高齢者のことならなんでもOK**です。

例えば「最近、親の足が悪くて不安です」くらいでもいいんですか？　それに、相談料がかかったりしませんか？

ご相談にお金はかかりません。むしろ、**小さな困りごとの段階でこちらに相談に来てくださるほうがありがたい**です。世間には、要介護になってから、困ってから相談に来る場所というイメージがあるようなので……。

私もそう思ってました。

地域包括支援センターはだいたい住民2万〜3万人にひとつあります。そのなかで支援が必要な高齢者の情報を把握しないといけません。**介護予防**★1の観点から、介護が必要になる前の段階で「こういう人がいる」という相談をしていただいたほうが、対策も複数提案することができます。

相談するときに必要な情報、なにか準備しておいたほうがいいものはありますか？「困っていることリスト」みたいな。

★1　「要介護状態の発生をできる限り防ぐ（遅らせる）こと、そして要介護状態にあってもその悪化をできる限り防ぐこと、さらには軽減を目指すこと」（厚生労働省作成「介護予防マニュアル」より引用）

離れて住む親
大丈夫〜大丈夫〜
大丈夫って言ってるけど本当に大丈夫か?!
ヒヤヒヤする…
親がとうとう要介護に
もう仕事やめて地元に帰るしかないかも〜
介護はまだいらないけど
買いものごみ出し
最近しんどい家事が増えてきたわ…
夫に先立たれてひとりぐらしに…これからやっていけるかしら…
ばくぜんと不安だなァ…
65歳になったけど
これぜんぶ地域包括支援センターに相談してネ!

う〜ん、わかる範囲の病歴とか生活歴、家族構成なんかはあったほうがいいかもしれませんが、**基本的にはなくても大丈夫**です。「今は困っていない」状態でもなにか不安に感じているのであれば、背景に原因があるはずです。それを掘り下げ、整理して可視化するのが僕らの仕事なので。

自分と家族だけだったら、状況に戸惑ってしまって何もできなくなるかもしれないので、第三者の目で悩みを整理してもらえるのは助かるかも。

ただ、「相談をしたらあとはなんでもやってもらえる」わけでもないんですよね。**丸投げではなく「一緒に考えましょう」という施設**です。

こんな困りごと、聞いても大丈夫？

私、実家が山口県なので、頻繁に帰省するのは難しいんですよね。なにか心配ごとがある場合は、親の地元の地域包括支援センターに連絡を入れたらよいのでしょうか？

はい、メールでも電話でも大丈夫です。一般的には、事前に地域包括支援センターがご両親にその旨を伝えて、「ご自宅に伺ってもいいですか？」という流れになると思います。我々としてはご挨拶して**「この地域にこういう人が住んでいる」という情報がわかるだけでも収穫**ですし。反対に、我々が行ったことでご両親が安心されることも多いんです。

ただ、私の友人で「地域包括支援センターに相談に行ったら門前払いにあった」という人もいるんです。**福祉の窓口が冷たいと心が折れてしまう**んじゃないかと。

それは地域包括支援センターの対応としては望ましくないですね。その場合は、役所に行って「地域包括支援センターでこういう対応をされたのですが」と、地域包括支援センターを所管している部署（多くの場合「高齢福祉課」や「高齢者支援課」など）に伝えてください。センターに指導を入れるなどの対応をしてくれるはずです。

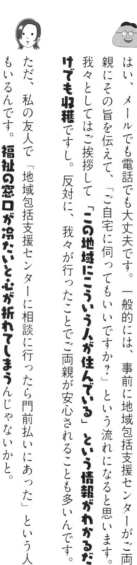

その介護離職、待った！　まずは相談を

私は昨年父親が亡くなって今は奈良の実家に戻っているのですが、今後母親を関東に連れて行くのか、あるいは私が奈良に戻るのかだとか、いろいろな選択肢が出てきます。それも含めて地域包括支援センターに今後どうしていくべきかの相談をしに行こうとは話していますが……、**現実を見るのが怖い気持ちもある**んです。

高齢で住み慣れた町を離れるのは大変でしょうし。

そうなんです。母は今76歳で、「私は基本あなた（めんま）に合わせます。どっちでもいい」と言ってますが、母の心と体がついていけるのか不安です。

お話を伺っていると、お母様が「どっちでもいい」とおっしゃっているのが、かえって心配ですね。まずは絶対に地域包括支援センターに相談に行くことをおすすめします。

それに、私は今フリーランスだからどこでも仕事ができますが、これが拘束時間の長い会社員だった場合を想像するとクラクラします。

めんまさんは一人っ子ですしね。私の知人でも数年前に介護離職した人がいます。育休には積極的な会社だったらしいんですが、「**介護は終わりが見えないから**」と……。

まさに介護離職は社会的な問題だと感じています。**できれば「辞めた後」でなく、「辞める前」に私たちにも相談してほしい**です。自分の希望で仕事を辞めるならよいのですが、本当は仕事を続けたかったのに辞めざるを得ないというのは……。

「私のためにごめんなさい」と親が罪悪感を抱いてしまうかもしれないですよね。

ご家族が仕事を辞めた後に後悔してしまうことも少なくありません。介護休業★2や介護サービスを利用することで、仕事を続ける選択肢も生まれます。ただ、この制度も93日じゃ足りないという話は聞きますし、制度があっても長期休暇を取ることで職場で気まずい思いをする人も少なくないので、改善の余地があります。**介護そのものは専門職に任せて、ご家族はその分精神的なケアや経済的な面で支えるというほうが、よっぽどいい関係でいられる**こともあります。私たちはそういった未来の提案をしているのです。

お話を伺っていると、自分や家族のためというのはもちろんですが、早い段階で対策をとることが、**行政にとっても医療費などのコストが軽くなるというメリットがある**のでは。

★２　労働者が要介護状態にある対象家族を介護するための休業制度。対象家族１人につき３回まで、通算93日まで休業できる。期間中に、自分が介護を行うだけでなく、仕事と介護を両立できる体制を整えることが大切……とのこと。

そのとおりです。「介護予防」という概念が生まれたのも、国の財源不足が影響しています。

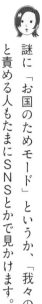

高齢者の方からも「**税金を使うのは申し訳ない**」みたいな声を聞きますよね。

謎に「お国のためモード」というか、「我々の税金を使ってサービスを受けるなんて！」と責める人もたまにSNSとかで見かけます。

実際に「市役所さまのお手を煩わせるわけには」なんておっしゃる方もいます。

遠慮してる人も、責める人も、「税金を使うことで迷惑をかける」と思ってしまってるんですよね。それで迷ってる間に状態が悪化してしまうと、結局自分のお財布的にも国の財政的にも負担がかかってしまうのであれば、最初から地域包括支援センターのような外部に相談するのがベターな気がしてきました。

「**みんなの視点**」**を入れて対策を練ることが大事**だと思います。ご本人、ご家族、私たちサポートする側の視点はそれぞれ違います。それを合わせたときの最適解を考えることで、それぞれにとってベターな選択肢が生まれるのではないでしょうか。

高齢者に優しい社会は、みんなに優しい社会

介護離職は労働問題だし、国の財源云々《うんぬん》も介護だけの話じゃないですよね。

「介護」を入り口にして、いろいろな社会の問題につながっているのかも。

私たちも、民生委員さんや自治会長さんたち、介護サービス職以外の地域の方たちと集まって話し合いを行うことがあります。例えば、この地域包括支援センターがある地区は駅から離れていて坂の上にあって、バスの本数も少ないので、自家用車がないと不便という人も多いと思います。

買い物に行くのも大変そう。ウチの母もそうなのですが、ネットスーパーを使うことに抵抗があって、「どうしても自分で買い物をしたい」という高齢者も少なくないですし。

そういった生活課題に関して、私たちも地域でなにかできることはないのかという投げかけをしています。「坂が多くて車がないと不便」というのは、高齢者だけの問題ではないんですよね。ベビーカーを押している子育て世代にとっても、住みにくい地域ということになります。そこで話し合いを重ねて、今は休憩できるベンチを置こうという活動をして

います。

高齢者に対して優しい地域であることが、ひいてはみんなの暮らしやすさにつながってくると。

そうです。今は健康でもいつ病気になるかわからないですし、**互いに支えあえるような地域づくりを目指すのが、地域包括支援センター**なんですよ。

MEMO

結局、取材というよりも半分くらい自分たちの人生相談をしてしまったわけですが（「門前払いされちゃうかも」みたいな不安が解消されてよかった！）、むしろこれにより、地域包括支援センターについての解像度が上がった気がします（前向きにとらえる）。ちなみに、その後近所のセンターのパンフレットをもらってきたのですが、家族の困りごと以外でも「近所で高齢者への虐待が起きているかも？」といった問題も対応してくれるとのことでした。毎回思うことですが、老後の話は高齢者だけの問題ではなく、社会全体の暮らしやすさにつながってくるんですよね。取材後めんまさんも地元の地域包括支援センターに行き、現在も相談に乗ってもらっているそうです。

初任者研修こぼれ話
蟹めんま編
初任者研修時
NG
ジーンズ
これは謎規則でしたが
ちょっと蟹さん
へ？
ゼッケンが小さい！
エッ!?
蟹
こんな規則もあり
翌週
え〜〜!!
蟹
まだ小さい！
結局ここまで大きくなりました
蟹
※ちなみに当時私の髪の毛はピンクでしたがそこはスルー！
えっ！ゼッケン？現場にはそういう規則無いですよ〜
?
あれはなんだったんでしょうか…
現役介護士の友人→

要介護認定と介護度

要介護認定ってなに？

介護保険のサービスを利用するには、「要介護認定」が必要になります。日常生活に必要な動作を自分で行えず、介護を必要とする状態を「要介護状態」と呼び、家事や身支度などの日常生活に支援が必要で、なかでも介護予防サービスが効果的な状態を「要支援状態」と呼びます。「この人はどのくらい介護、支援が必要なのか？」を判定し、数値化したものが「要介護認定」（※）で、判定された要介護度によって利用できる介護サービスの種類や頻度が変わってきます。（※要介護認定には、要支援認定が含まれます）

「要介護認定」は、市町村に設置されている介護認定審査会にて判定されます。介護サービスの給付額に結びつくことから、判定基準は全国一律で客観的なものになっています。

要介護
入浴介助が必要
要支援
ひとりで入浴できる(おそうじは支援)

【要介護認定が申請可能な人】

・**第1号被保険者**…65歳以上で、日常生活を送るために介護や支援が必要になった人。原因は問わない。

・**第2号被保険者**…40歳から64歳までの医療保険に加入している人で、加齢にともなう病気（特定疾病）が原因で、日常生活を送るために介護や支援が必要になった人。特定疾病には、末期のがん、関節リウマチ、骨折をともなう骨粗《こつそ》鬆症《しょうしょう》、初老期の認知症などがある。

＊＊＊

申請は、本人や家族のほかに地域包括支援センター（高齢者支援センター）、ケアマネジャー、介護保険施設に代行してもらうこともできます。

申請を行った後、自治体が委託した事業所の調査員または自治体職員が自宅を訪問し、本人や家族から聞き取り調査を行います。
　この調査と主治医の意見書をもとに、介護認定審査会で判定を行い、認定が受けられれば自治体の各種介護サービスを利用できるようになります。

＊＊＊＊

【基本調査項目】（例）
麻痺等の有無／寝返り／歩行／洗身・つめ切り／えん下／排尿・排便／衣服着脱／外出頻度／記憶・理解／精神・行動障害／薬の内服／金銭の管理／集団への不適応／買い物や簡単な調理など

介護度別の状態のめやす

要支援1　「脚が悪くて一人では掃除が難しい」など、食事やトイレ、入浴など、日常生活で必要なことはほぼ自分一人でできるけれど、一部で支援が必要な状態。

要支援2　「入浴時に自分で背中を流せない」など、要支援1よりもできることが少なくなった状態。物忘れなど、認知症の症状がある場合も。

要介護1　立ち上がりや歩行が不安定で、移動時の介助や、トイレのズボンの上げ下ろし、入浴時の着替えなど、日常生活において部分的に介護が必要な状態。認知症により理解力や判断力が低下し、金銭管理や服薬管理などが難しく生活に支障をきたしている場合も。

要介護2　立ち上がりや歩行を一人で行うことが難しく、入浴やトイレなどの日常生活に部分的な介助が必要な状態。認知症による記憶障害、被害妄想などが現れたり、外出して帰ってこられない場合も。

要介護3　立ち上がりや歩行が自分ではできず、食事やトイレ、入浴などの日常生活全般に介助が必要な状態。認知症による全般的な理解力、判断力等の低下により、意思疎通が困難な場合も。

要介護4　日常生活全般に介助が必要。身体機能の低下によって、ほぼ寝たきりの人も多い。また、認知症により意思疎通が難しい状態。

要介護5　いわゆる「寝たきり」の状態。日常生活全般に介助が必要になってくる。認知症により意思疎通が困難な場合も。

初任者研修こぼれ話
藤谷編
最終テストの実技
実技テスト
先生たちの
なにがなんでも受かってちょうだい！
じっ…
※言葉でのヒント出しはNG
こんな圧がすさまじい
声かけを忘れると
身体を触るときは！
ひと声かけて！
ぱくぱくぱくぱくぱく
あっ声かけ忘れてた！
さらにもたもたしていると
ベッドメイキング
そこは！
三角に折って！
眼球で訴える
ぎゅん ぎゅん
あっ三角か！
先生の表情筋が火を噴きます

第3章

教えて先輩！親と私の老後計画

急な入院、急逝、認知症の発覚……。自分の老後問題より前に、ある日突然直面することになりがちなのが、親や祖父母の介護・老後問題。住まいに仕事、そして趣味はどうする？いざという時のため、そして夢ある未来のために、先輩たちに取材しました。

実録！　いざ76歳母と同居してみたら……

父が他界したので
しばし母と
同居することに
なりました
母スペック
76歳
約10年前にいちど
体調をこわしたが
今は一応健康
首の冷えを気にする
服はほぼすべてユニクロ
高齢の
母だけで
やるには
大変なことが
多いので…
名義変更とか
相続とか
すまんね
いい娘のふりを
しましたが
こういう
魂胆もあります
どうせしんどい
ことならば
ネタにするしか
あるまいて
父よゆるせ
約3年ぶりに
地元の
スーパーへ
駐輪禁止
入り口にとめられた
大量のおばあちゃんカートに
出迎えられ
ぎょ!!
客の年齢層の高さと
休憩スペースの多さにビビり
化粧品
と…東京と
ちがう…

通路の大渋滞に驚愕
うわあぁ
セルフレジも混雑の原因のようです
セルフレジ
操作がおぼつかないので遅い
みんなあの量どうやって持って帰るんだろ…？
無料配送あるよ
まじか親切なスーパーだ
しかし配送窓口も
配送こちらでーす
ギエーー！
ちなみに銀行のATMもすごかった
ATMの操作がおぼつかないため
ATM
これが地方の超高齢社会か!!
せやで大変なんよ

帰宅後、血まなこでネットスーパーとネット銀行を開設
ネットスーパー
しかし…
これだと私がいるときしか買い物できないことになるか…
ネット通販したことほぼ無
ネットショッピングに慣れてもらうにしても…
サギ
架空請求
悪徳商法
それはそれで別の心配も出てくるし…
野菜とか魚は本物見て選びたいよ
時間はあるし
ですよねー
結局これは答えが出ぬまま
野菜 肉・魚
飲料系 米・トイレットペーパー
運動をかねて徒歩でスーパーへ
ネットで注文
とりあえず今はこうしてます
ちなみに外出中
げげ！出かけてるあいだに家電に着信がいっぱい
着信5
家電話への着信は私のスマホに転送されるように設定したよ 四十九日くらいまではコレでいこう
はいよ
すると
転送だ
ぶぶぶ ぶぶ ぶ…

1発目
シニア向けの矯正下着の販売を行っております今なら1枚お買い上げいただくとなんたらかんたら
け…けっこうです…
2発目
ご位牌、お墓お仏壇の●●ですが●日にお伺いしますのでぜひ実物をごらんになっていただいてなんたらかんたら
ていうかなんでウチに仏具が必要って知ってるんだ!?
3発目
●●と△△を月内に購入していただいたら毎月5000円でウォーターサーバーが1年間使い放題です2年目以降はなんたらかんたらうんたらかんたら
……
高齢者の家ってこんなにセールスくるんか…
これを母に対応させるのはおそろしいな…
おとんがいればまだよかったけど
これまでも来てたんだろうか…
…しばらく私のスマホに転送のままにしよう
そしてぜんぶネタにしちゃうもんね
四十九日後も転送モードのままです
ちなみに勧誘は電話だけではありません
うわ!チラシ多ッ!
バサ
バサ
ん?
ハラリ

悔いのない最
終活・相続セミナー
自費出版しませんか？
エンディングノートにもなる自分史
講師紹介
エンディングプランエキスパート
●●寺住職 蟹川 麺山
エンディングノートはご自身の
期に向き合う大切な時間です。
ころ・悩みごと相談会
なんか怪しいな…？
脳科学ヨガ
自己肯定感UP!!
介護予防
体質改善
運動不足解消
これは本格的に怪しいぞ…!!
健康寿命UP
心身の健康は腸から！
はじめてみませんか？
瞑想
メンタルが強くなった
ストレス解消
悩みが軽くなった
料体験会実施中
これも相当怪しい…
高齢者もOK
ハツラツフリーローン
ラクラク
お支払い回数
72回払いまでOK！
ゆとりある生活プランにお役立てください
うわーローンはやめてー!!!

電話といいチラシといい…
高齢者ってもしかして…
思っている以上に…
狙われている…⁉
しかもなんだか広告の文言が
高齢者ローン
72回払い
残されたご家族のために
健康寿命
元気ハツラツ
生きがい
介護されない
老後
生前整理
「まわりに迷惑をかけない高齢者でいましょう！」的な方向…
テレビやいろんなメディアを見ても
キラキラ高齢者
いくつになっても元気
自分の足と自分の歯でずっと健康
こういう「圧」はけっこうある
たしかに元気でいられるに越したことはないが…
人は絶対死ぬんだぞ
それにつけ込もうとしている感…

こういうのは…
母が見る前に捨てとこう…
しかし一方でこんな気持ちも
勧誘電話もチラシも私が遠ざけているけど…
むしろちゃんとこういうものに慣れてもらったほうがいい気がする…
ちゃんと母自身が対応できるようにしたほうが安全かなぁ
手助けと過保護のさじかげんてどうやったらいいの？
と思っていたら
ガラケーサービス終了予定のお知らせ
ガーン
連絡手段は命綱なので
au
？？？？
ラインをおぼえてくれ…
なかば無理やりスマホデビュー

入力の練習がてら家庭内の諸連絡をスマホでやるようにしています
くおかん
てれびに　よしき
19:13
ありがとう　行きます
既読
19:15
了解!!
となりの部屋の母とライン
と、私がサポートしてる風に7ページ描いてきましたけども
さっそく家事は母に任せっぱなしが多くなった私
手助けと過保護のさじかげんてどうやったらいいの？
はらへった!!
母側もこう思っていることでしょう
今後もずっといっしょに住み続けるのかは未定なんですが
近居か同居かマザ〜オ〜ブラ〜ブ
どこへ住めば誰と住めば
親子のちょうどいい距離感を模索中です〜
おしえて先パイ…

V系の大先輩に聞く！「老後と、仕事と、趣味」

大島暁美さん編

自分の老後計画の前に、ある日突然直面することになりがちな親の介護や老後問題。雑誌のインタビューやライブレポート、そしてエッセイ「ロックンロール日記」などで知られるレジェンドライターの大島暁美さんも、現在高齢のお母様と同居中です。生活にどんな変化が起きたのでしょうか？　大先輩のロックンロールな同居話を伺いました。

父の死をきっかけに、母と近居から同居へ

私たちもバンギャルも大人になりました。当たり前ですが、同じようにミュージシャンたちも年齢を重ねるわけで。先日、好きなミュージシャンの生誕ライブに行ったのですが、「**還暦が見えてきた**」とおっしゃっていて、「ひゃー！」となりました。

大島暁美（おおしま・あけみ）
ラジオ・テレビのレポーターを経て、ライターに。日本のロックを中心とした記事の執筆、少女小説、漫画の原作、バンドやイベントのプロデュースなど多岐にわたって活動。著書に『hide BIBLE』など。猫イベント「にゃんだらけ」の主催も。

最近、とあるパーティーに行ったのね。そしたら**少し年下のミュージシャンたちが集まって、すごく真剣に老眼の話をしていた**の！「大島さんはもう老眼でしょ」「そうよ！悪い？」みたいな。もう老眼自慢大会みたいになっちゃって！

すごい光景ですね。今日は、ロックな生活の先輩である大島さんにお話を伺いたいと思います。

大島さんは現在、お母様と同居されているそうですね。

19年前に父が亡くなって、「二人だけじゃ不安だから」と私の自宅の近所に母と祖母を呼び寄せたのね。その後、祖母が大腿骨《だいたいこつ》を骨折してしまって寝たきりになってしまって。リハビリも頑張っていたのだけど、亡くなってしまったの。

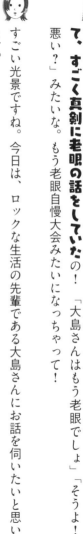

大腿骨が「転機」になりやすいという話はよく聞きます。

そうなのよね……。これまで母は一人暮らしをしたことがなかったから心配で、私の住んでいるマンションの別室に空きが出たこともあって、そこに引っ越してもらうことにしたの。その後も、できるだけ母の部屋に顔を出すようにしていたのだけれど、ある時期からお鍋を焦がすような生活の不注意が増えてきたり、持病のリウマチもひどくなったりしてきて、結局同居を提案したのよね。

もともと大島さん一人で暮らしていたお部屋に、お母様が来る形になったんですね。

そう、私と猫2匹で暮らしていた部屋をリフォームして母の部屋を作ったり、夜中に冷えるのはよくないから床暖房を入れたり、ガスコンロをＩＨに換えたりね。

中古マンションのリフォームには意外と盲点も？

リフォームするポイントや業者はどのように選びましたか？　**介護保険からのリフォーム費用補助**などはありましたか？

保険は使ってないの。例えば、**手すりのようなものには適用されるらしいのだけど、部屋の仕切りや床暖房のように介護に直接関係ないものは使えない**らしくて。手すりも提案したけれど、母が「逆に頼ってしまってダメになる」と言うので、つけてないの。

よくニュースで「ヒートショックでお年寄りが亡くなる」なんて聞くから、床暖房にも適用されるものだと思ってました。そうはいかないんですね。

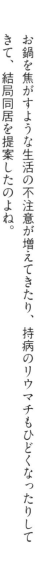

介護保険は、他にも段差をなくす工事みたいなことには適用されますね。

めんまさんは不動産関係の仕事をしてたこともあって、こういうところには詳しいですな。

そうそう、段差もなくしたかったけれど、逆に業者さんから「昔のマンションだから（構造的に）難しい」と言われたの。

それはなぜですか？

最初、私が入居する時にスケルトン（柱と梁だけで内装がゼロの状態）にしてフルリフォームしたんです。その頃は、そもそも同居することを考えてなかったので、年をとったときのことを考えもせずにデザイン重視でリフォームしちゃったの。

なるほど。**中古マンションのリフォームが流行ってますけど、のちのちのことを考えたほうがいい**かもしれませんね。

床暖房も最初から入れるほうが安いしね。後付けすると、まずは全部床をはがさなきゃいけなくなるから、すごくお金がかかるの。

最近は、おいおいのことを考えてのアドバイスをくれる業者も増えていますね。

親子でも価値観の違いはある。同居の苦労や配慮は？

ほかに、同居するまでに苦労したことはありますか？

私の部屋にも、もともと母の住んでいた部屋にも、たくさん物があって「断捨離」に苦労しました！　なんでも溜め込んであって。食器なんかも「一人暮らしなのにどうしてこんなに？」ってくらいたくさんあるの（笑）。

ウチも遺品整理まっさいちゅうなので、すごくわかります（笑）。

だって部屋に、家族全員いた頃の６人分の食器があるのよ。**思い出がこもってるから捨てられない**のよね。

物をすごく大事にする時代の人ですしね。

でもね、私は心を鬼にして「私も自分のものを処分するから！」と強引に大掃除をすすめたところ、周囲に「**鬼娘がみんな捨ててしまった**」と言ってたらしくて（苦笑）。

わぁ〜！　ウチと完全に一致です!!

そんなふうに、同居が始まり、今に至るわけ。

同居で起きた暮らしの変化
ケアすることでケアされることもある

生活に変化はありましたか？　例えば、我々「ロックンロール日記」の読者からすると、大島さんは夜な夜なロックミュージシャンとお酒を飲んでいるイメージもあるのですが。

さすがに年齢的なこともあって、夜な夜な飲み歩くようなことはなくなりましたね（笑）。「行くよ〜」と約束していたライブも、母の調子が悪いと当日にキャンセルしてしまうこともあったので、ライブの予定そのものを減らすようになったかも。

わかります！　ウチも祖父と父が立て続けに逝ってしまったのと、コロナの関係で、この数年ドタキャン魔と化しています。とくに友達と一緒に行く予定のものをドタキャンするのは本当に申し訳ないので、誰かと連番でチケットを取ることがなくなってしまいました。

この数年、めんまさんと並んでライブ観てませんね。

ライブに行けないことそのものも悲しいけど、前売りチケットが無駄になるのも、空席を作ってしまうのもつらいです。この苦しみに耐えられなくて、どんどんライブから足が遠のいていきます……。

そうなのよね～。

「本当のファンなら、気合いさえあればライブに行ける、それが愛情」みたいな考えもあるじゃないですか。

「ライブに来ないのはそこまで好きじゃないんでしょ」的な……。

最近はミュージシャンの方もＳＮＳでそういう発言をされていたり。でも、**いくらバンドが好きでも現場に行けない状況**ってあるじゃないですか。

生活の土台あっての「趣味」なんですよね。そればかりは逃れられないですもんね。私の周囲でも「同居してる親も年だし、あと何年かしたら今みたいにライブに行けなくなる

かも……」という話を聞くようになりました。

大島さんはヴィジュアル系のお仕事だけでなく、猫好きの集まる「にゃんだらけ」というイベントを主催されていますよね。そんな絶対に外せない予定はどう調整していますか？

むしろ、イベント準備でヘトヘトになってるときは、母が気をつかってくれるのよね。お昼ゴハンを作ってくれたりとか。それが本人にとってやりがいのあることみたい（笑）。

お母様にとって、大島さんをケアすることが、自分のケアにもなるというか。誰かをいたわることで、自分が回復することもありますもんね。

他に母と暮らしていて気がついたのは、自分の好きな音楽を大きな音で聴けないことかな。ひとりの時はメタルハードロックをスピーカーでガンガンかけていたけど、さすがにね（笑）。

ヘッドホンで聴いていると、お母様の声が聞こえなくなりますもんね。

祖父の入院の付き添いをしていた頃はそうでしたね。点滴の機械のエラー音とかを聞き逃しちゃうのが心配で耳を塞ぎたくないから、イヤフォンで音楽を聴かなかったです。

だから最近は、車を運転する時が好きな音楽を聴く時間になってます。

大島さんは以前から、猫と暮らしていたそうですが、お母様と猫は仲良くやっているのですか？

母は犬のほうが好きで、昔は犬を飼っていて、「猫はきらい」っていつも言ってたの。でも一緒に暮らし始めたら、すごく仲良くなっちゃった（笑）。私がいない時は猫の餌も与

えてくれるの。

それも、お母様の元気の源になってそうですね。

「人」という字は人と人が支えあうというし、大島さんとお母様と、そして猫とも一緒に支えあう暮らし、素敵ですね。

MEMO

高齢の親との同居、大島さんやめんまさんだけでなく、今後自分にも訪れる可能性があるので他人事ではありません。これまでの人生をふり返ると、私はあまり親と頻繁にコミュニケーションをとるタイプではなかったので、やや不安はあるものの、ケアすることでケアされることもあるという話は大変心強く感じました。そしてその一方でどうしてもライブ（外出）の頻度は減ってしまうのかという思いも……。生活という土台あっての趣味、そこはやむを得ないところもありますが、今後の課題ですね。

V系の大先輩に聞く！「老後と、仕事と、趣味」

シマあつこさん編

V系ミュージシャンたちが登場するギャグ漫画『8ビートギャグ』。あの頃のバンギャルはみんな（主語が大きい）読んでいたはず。そんな我らにとっての憧れの漫画家であるシマ先生も、ご家族の介護経験者。今後我々にも家族の介護は訪れるかもしれない。バンギャルの大先輩に介護の教えを請いに行きました。

「ピンピン・コロリ」だと、家に警察がやってくる？

シマさんはご両親と義理のご両親の介護を経験されたと伺いました。

もともとは主人の両親と二世帯住宅で暮らしていたのね。義両親も漫画の仕事のことを面白がってくれて、忙しいときはお義母さんに子供を見てもらったりして、みんなで楽しく

シマあつこ

漫画家。80年代に洋楽版『8ビートギャグ』、90年代に邦楽版『8ビートギャグ』を連載。近年は80s Rock Discoやロックイベントを都内を中心に開催する。近著に『麗しき70年代ロック・スター伝説　8ビートギャグ　リターンズ』など。

やっていたけれど、立て続けに私の両親も主人の両親も見送って……。今は夫婦二人と犬とウサギで暮らしているの。

介護が続くのは大変でしたよね。

皆さんに、そうおっしゃっていただけるんですけど、ひとりひとりの介護期間は短かったり、周囲の協力もあったりして、そこまで大変だった記憶はないの。最初に亡くなったのはお義父さんなんですけど、どこも悪くなかったし、ただ高齢になって食事ができなくなっていって……。

ウチの祖父もそうでした。口から食事ができなくなると、あっという間で……。

「2月は寒くて葬式に来る人が大変だろうから、3月にするか」「やめてくださいよ~」なんて冗談を言うくらいで。最期は「心配してくれてありがとう、タンスの中に葬式代がある」と、伝えてから息を引き取ったんです。

準備のいい、しっかりしたお義父様だったんですね。

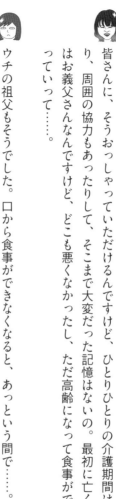

でも、その時まで家で誰か亡くなると警察が来ることを知らなくて、びっくりしました。

えっ、どういうことですか？

そうなんですよ。ウチの祖父も最期は家で看取ったんですが、お世話になっていた在宅医療の先生から、「このまま家で亡くなると、手続きが特殊なので、もう逝ってしまいそうだと感じたらまずウチに連絡してね！」と念を押されました。

〝手続きが特殊〟……？

在宅で亡くなると、警察が事件性の有無を確認しに来るんです。死亡診断書があれば、その確認はないんだそうで。

そうそう、警察の方も、事情を説明したら納得してくださったんですけどね。救急車を呼ばないほうがいいそうで、私の母を看取ったときは在宅医療に切り替えていたので、そこの先生に救急車を呼ばないでこちらに連絡くださいねって言われていました。

まずは救急車！　ってイメージがありました。

救急車を呼んで、そこで亡くなったら警察が来るんだそうです。でも、お義父さんの場合、病気ではなかったから、主治医もいなかったこともあって……。

亡くなってるのと穏やかに寝てる姿ってほとんど一緒ですよね。**素人は「亡くなった」って判断できないから、どう考えてもまずは救急車を呼んじゃいます**よね。

よく「**ピンピン・コロリが良い**」と言いますが、それも「急死」とされてしまうから、事情の説明にいろいろ大変なんですね。勉強になります。

通い慣れたライブハウスのような……

その1年後くらいに、実家の母が亡くなったときも、親戚を集めてワイワイと、わりと明るく見送るような雰囲気でしたね。私が介護したのも数ヶ月くらいだったので、長い期間でもありませんでしたし。

数ヶ月は長いですよ。

お義母さんのときも、主人の姉がヘルパーなんですが「**介護はひとりで背負ったらダメよ**」と言ってくれて、ヘルパーさん、主人、義姉、義妹と手分けしての介護でした。

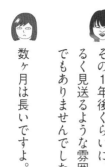

「介護はひとりで背負ったらダメ」はこれまでの取材でも、皆さんおっしゃっていました。

家族に有識者がいると助かりますね。

父のときも、弟と一緒に乗り切りました。私の住んでいる家と実家は近所だったんです。そうすると、ケアマネジャーさんも同じ地域の方だから、両方の家を気にかけてくれて、それも助かりました。そして、葬儀場も近所にあったから、お葬式は全員そこでやったので、2回目以降は知っていることも多くて、大変だったことは少ないですね。

ウチも祖父と祖母のお葬式は同じ会場でやりました。そうなると、勝手知ったるというか。

こういう表現は語弊があるかもしれませんが、「**通い慣れたライブハウス**」的な……？

そうそう（笑）。そんなわけで、「4人も立て続けに見送って大変だったでしょう」と言われることもあるけれど、周囲の協力もあって、**普通に仕事もしていました**。もちろん「あの時こうすれば、ああすれば」なんて後悔は、どうしても出てきてしまいますけど、それは「あれで良かったんだ」と思うしかないですよね。

介護生活においても、趣味やユーモアは大事にしたい

そういえば、最近**BUCK-TICK**[★1]**がツアーグッズに老眼鏡**を出していて、「ついに！」と衝撃を受けました。

そうなんだ！

氷川きよしさんも、グッズで**おばあちゃんが引いてるカート**を出してますよね。

私も、老眼が始まったら是非とも手に入れたいと企んでおります。そのうちバンドプロデュースの介護グッズも出てくるのでしょうか。

私、友人とロックを語るイベントをやっていて、前に来場者プレゼントとして**メガネ拭きを作って配布**したの（※画像1）。みんな、老眼鏡は持ってるだろうし。好評だったわよ。

画像1：実際にイベントで配布したメガネ（老眼鏡）拭き

★1　1984年に前身バンド結成、翌年現メンバーで活動を開始。87年にメジャーデビュー後またたく間に大人気バンドへ。現在までずっと同じメンバーで活動し続けている5人組。もはやロック界の人間国宝と呼べる存在。ちなみに、「B」で始まる群馬出身の三大バンドは「BOØWY」「BUCK-TICK」「back number」なんだそうです。

あったらイイな!?
The V系っぽい介護用品
HOSHINO GLASS
BUCK-TICK老眼鏡
(実在します!)
コテコテ
キャリー
薔薇柄紙パンツ
コテコテ
四点杖

へ〜〜、**バンドのグッズで紙おむつ**とか出たらいいかも。着け方が専門的なものは、グッズや特典にしてもらえると啓蒙《けいもう》にもなるので。

「紙おむつをレジに持っていくのが気恥ずかしい」という話も聞いたことがあります。黒くてかっこいいやつのほうがテンション上がりそう。最近は生理用品のパッケージについての議論も盛んだし、そういう方向で、**かっこいいデザインの紙おむつ**★2、ビジネスチャンスの匂いがしますね……。

言い方も大事だと思うんですよ。主人の母の介護をしていた頃、どうしても紙おむつを穿くことに抵抗があるようで。その気持ちもすごくわかるんです。それで、「紙パンツ」と言い換えて、**「紙パンツはすごく**

★2　2020年8月「かくさないパンツになろう」をキャッチフレーズにしたシンプルでかっこいいパッケージの「アテント」が登場。草彅剛さん出演のCMも話題に。

暖かくて楽ですよ」とすすめたら、穿いてくれるようになったりして。

ほお〜、たしかに言葉を換えるだけで受ける印象が全然違います！

「どうやったらお互いにうまく暮らしていけるかな〜」ということを考えるきっかけになるし、そういうことって結局は自分のため、お互いのためなんですよね。

言い方ってありますよね。介護中のめんまさんから、「**おじいちゃんのラストギグで銀テープが飛んだ**★3」みたいなLINEが来たことがあって。

祖父が96歳の大往生だったんですが、在宅で看ていたこともあって、最期は子供孫ひ孫親戚一同が大集合したんです。**もう終幕ライブ**ですよ。もちろん、本人はどう思ってるかわからないですが、本当に良いライブのアンコールまで見届けた気分になり。

それで「銀テープが飛んだ」なのね。

飛びましたね。でもそういうたとえ方をして、友人に連絡することで、自分の気持ちもラクになったところはあるんです。

★3　ライブの演出に使われるキラキラした銀テープ。あれが客席に降り注ぐさまはライブのクライマックスを感じさせて気分が高まります。つまり、めんまさんは「めっちゃエモい」と伝えたかったのかと。

人が亡くなるということは、大変なことなんだけど、やっぱりそこにユーモアもあったほうがいいわよね。人は誰しもいつか亡くなるんだから。

そうなんです。だから、あんまり「不謹慎」だと思うのも違うのかなって。当たり前のこととして思わないと。それに、**趣味の知り合いって、気持ち的に連絡がとりやすかった**んですよね。

なんかいろいろ話しましたよね。介護士をローディー（69ページ参照）にたとえたり。

大往生で悲壮感がなかったから冗談を言えたってこともあるんですが。介護の話ってどうしても場が暗くなる気がして話題に出しにくいんですよ。でも「祖父の介護してます」じゃなくて「祖父のローディー業」とネタにすることで、周りにも話しやすかったんです。

介護って「私がする」だと、自分が上になっちゃうじゃない？　自分だっていつか誰かのお世話になるわけだから。少しでも楽しみやユーモアを取り入れていけたらいいですよね。

ありがとうございます。救われました。今は母の老後に直面しているんですが、虎視《こし》眈々《たんたん》

と笑えるネタは拾っていきたいと思います。

MEMO

シマさんの『8ビートギャグ』は、実在するミュージシャンたちが生き生きと活躍するギャグ漫画で、10代の頃の私は夢中になって読んでいました。シマさんは作品と同じくユーモアと優しさあふれるお方でした。お話を伺うことで、おじい様を看取ったばかり（※当時）だっためんまさんの気持ちもかなりやわらいだようで、それもよかったと思いました。今後の人生にどんなことがあっても、バンギャル的ユーモアを大事に抱えて生きていきたいものです。

「バンギャル／バンドマン専用アパート」!? 憧れのオバンギャ大家さんに聞く、老後のためのアパート経営

バンギャルの先輩に聞いてみようシリーズ。最後に夢のある話も……ということで、登場するのは「オバンギャ★1大家さん」。バンギャルかつ、アパート経営をしている北海道在住の女性です。……そう、つまりバンギャル老人ホーム、バンギャルマンション・アパート……などなど、趣味の仲間と作る集合住宅という夢にもっとも近いかもしれない存在なのです。

パワーワード満載！　オバンギャ大家さん誕生秘話

藤谷さん、この方は一体何者なんですか？

私は**毎日のように「ヴィジュアル系」や「バンギャル」でネット検索をかけている**んです。

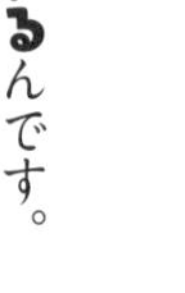

オバンギャ大家さん

北海道で中古アパート２棟を保有する大家さん。個人投資家、ファイナンシャルプランナー。本業は会社員。1990年代のＶ系バンド全盛期をバンギャとして過ごし、現在も趣味のライブ遠征を生き甲斐にしている年季の入ったオバンギャ。

そこでたまたま見かけたのが、こちらの「オバンギャ大家さん」です。「この人はヤバい！」と息を吸うようにDMをお送りしたんです。

な、なるほど？

はじめまして〜、今日はよろしくお願いします。

よろしくお願いします！　まずは、率直な質問なのですが、オバンギャ大家さんが、賃貸物件を買う、つまり「大家さん」になろうと思ったきっかけから教えてください。

もともと勤め先が不動産賃貸業なんですよ。なので、知識に関しては多少はあったんです。そこに、以前からやっていた株の利益だったり、相続で入ったお金もあったので、会社員の仕事以外の定期収入も欲しいなと、悩んだ末に思い切って買っちゃいました。それが2018年のことです。

「買う」と決めた最後のひと押しは？

最後は「勢い」ですね。誕生日の直前だったので、自分へのプレゼントってことで買っち

★１　「おばさん」と「バンギャル」を組み合わせた造語。

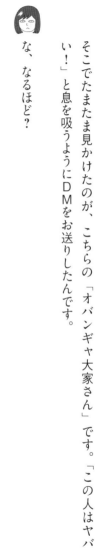

やいました（笑）。

大家さんは、ファイナンシャルプランナーの資格や宅建の資格を持っているとのことですが、大家になるのに必要な資格ってあるんですか？

資格は必要ありませんが、資格そのものが役立つというより、資格を取るために学んだ知識が役に立ってます。資格に限らず勉強は大事ですよね。

例えば、ネット上のバナー広告で「サラリーマン大家になる！」みたいな不動産セミナーを見かけるのですが、ああいったものは勉強する場所としてどうなんでしょう？

不動産セミナーは、業者がやるセミナーと、実際に大家さんがやってるセミナーがあるんですけど、業者がやるセミナーは物件を売るためにやってるんです。**おすすめは業者じゃなくて、大家さんがやってるセミナー**です。後者のセミナーは、個性的で面白い人も多くて、ライブみたいで楽しいんですよ。その場で大家仲間もできますし。

ライブ友達みたいですね。

ライブ遠征感覚で、長崎で開催された不動産セミナーの遠征に行ったこともありました。

「**不動産セミナーの遠征**」パワーワードやぁ……。そして、オバンギャ大家さん、FPとしての屋号が「LA VIE EN ROSE」だったのが個人的に気になりました。

ヴィジュアル系にはさまざまな「LA VIE EN ROSE」がありますが……。

D'ERLANGER★2の『LA VIE EN ROSE』ですね。

さすがです。

オバンギャ大家さんというお名前もですが、

★2　1983年に結成し1988年に現体制になり、1990年1月にメジャーデビューし11月に解散。LUNA SEAやDIR EN GREYなど、数多のバンドに影響を与えたレジェンドバンド。2007年に解散時のメンバーで奇跡の復活を遂げ、現在まで活動を継続中。藤谷も大好きなバンドです。

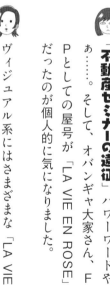

活動にヴィジュアル系の匂いがするのが、すごくいいですよね。

私は20代の頃は、将来はぼんやり不安だけど、お金については何も考えてないに等しい状態でした。アラフォーになってようやく個人年金を始めたくらいで。大家さんは、昔からそういった考え方の持ち主だったのでしょうか？

今の仕事の前は税理士事務所勤務だったんですよ。だからそういう感覚が身につきやすい環境でした。その頃から、**生活費とは別に「ライブ口座」を作って**いまして、例えば、通帳に「**D'ERLANGER預金**」みたいに書いたりして（笑）。

わ〜！　モチベーションが上がりそう〜！

毎月定額をその口座に入れていたんですよ。で、引き出す時には、例えば何月何日ホテル代とか記録しています。結果的にこの通帳がライブ用の帳簿になるんです。

なるほど。ちなみにライブ費用が足りない場合は？

自分で資産運用を頑張ったりしてますね。

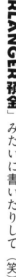

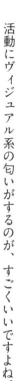

……え？　待ってください。資産運用やマネーリテラシーを勉強したいと思ったきっかけは、もしかしてライブに行きたいがためですか？

そういうことになるのかな（笑）。もちろん、将来や老後のためというのもありますけど、基本的にはライブに行きたかったからですね。

「**ライブ行きたさに資産運用**」！　またしてもパワーワード！

夢の「バンギャル専用マンション」は現実的？

将来、友人同士で同じ集合住宅に住みたいと考えている人たちって、私たち以外にも少なからずいると思うんです。数年前には、同じマンションに住んでいる高齢のご婦人たちの暮らしを追ったドキュメンタリーも放送されて話題になっていました。それを見て「私たちも将来はオタク友達と同じマンションに住みたい」みたいな。ルームシェアには抵抗があるけど、同じ物件なら……という人もいるでしょうし。

同じ物件内に部屋をそれぞれで借りたり、買ったりするのもいいんですが、物件を一棟手に入れてみたいじゃないですか。「**バンドマン専用マンション**」とか、「**バンギャル専用マンション**」、響きがいいですよね。

将来は
バンドマン専用
アパートの経営を…
みんな
がんばって！
VISUAL
それって
「大家さんと僕」
じゃないで
すか

現実的に考えてこの夢は「アリ」でしょうか？　大家さんの知見を伺いたいです！

う〜ん。まず、大きな音を出すなら、木造だと防音面でダメなんですよね。新築の鉄筋コンクリート造は東京はもちろんですが、北海道でも金額的に手が届かない。かといって、古い鉄筋コンクリート造の物件は、リフォームや定期的な修繕工事にコストがかかるんですよね。それに、老後に足が悪くなったら、マンションの場合はエレベーターが必要ですし、それにもメンテナンスのコストがかかります。

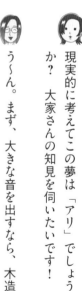

そうなんですか？

そうなんですよ。不動産関係の職の頃、「エレベーター業者はメンテナンス込みじやないと利益は出ない」と聞いていました。

知らないことばかり！

木造は意外と丈夫！期待値が上がる大家さんへの道

防音マンションじゃなければ、もう少し手の届く価格になるんでしょうか？　バンギャル同士で住むアパートなら木造もアリでしょうか？

木造だったら、物件の値段自体はそんなに高くはないんですよ。今持っている物件は、買ったときは築12年だったので、あと10年ぐらいで回収したいと考えています。

じゃあローンを返し終わった後は、ひたすら黒字になるという感じなんでしょうか（目を輝かせながら）。

もちろん、ローン完済しても、水回りの修繕などにはお金がかかりますから、丸儲けというわけにはいきませんが。木造の耐用年数は22年といわれていますが、それは「銀行が融

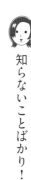

資をしてくれるか」の判断基準です。建物的には木造でも長持ちするんですよ。もちろんメンテナンスは必要ですけどね。

わかります。つい最近まで、築60年の木造アパートに住んでいたので。

私も築40年ぐらいの木造戸建てで快適に暮らしております。

大家さんは今はご自身の物件には住んでないとのことですが、将来的には住むことも視野に入れていますか？

そうですねえ、もしも住むところがなくなったら自分の物件に住もうかな〜とは思っています。ほら、『大家さんと僕』ってあったじゃないですか。

お笑い芸人のカラテカの矢部太郎さんのエッセイ漫画ですよね。

そうそう、ああいう感じでオバンギャな大家さんとして、ヴィジュアル系バンドマンを見守りたいですね。

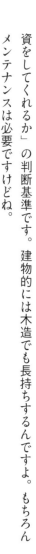

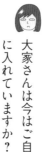

大家として夢を応援するポジションへ……†★3

おばあちゃんになったら、そんな生活もしてみたいですね。

素敵ですね、そんな夢が実現したら、漫画にできますよ。

おばあちゃん大家さんと夢を追うバンドマンのほのぼのエッセイ！　作画は蟹めんまさんでどうでしょう？

その時はぜひよろしくお願いします。実現できるように、頑張ります!!

MEMO

「物件欲しい～」なんて、バンギャル同士でやるサイゼリヤの与太話だと思っていたら現実に「持っている」人がいたなんて……。ロジカルに説明してくださる大家さんの姿に「自分でもできるのでは？」と勇気がわく取材でした。やっぱり「実際に行動を起こしている」人の話を聞くのはいいですね。気持ち的には、「無敵」と書いて「エクスタシー」と読む（X JAPANのYOSHIKIが設立したEXTASY RECORDSのイベント「エクスタシー・サミット」のキャッチコピー）的に、「無敵」と書いて「アパート経営」と……は、読みませんね、はい。

★3　一見十字架のように見えるので、「ヴィジュアル系っぽい表現」をするときに多用される記号ですが、「ダガー」で出てきます。

介護保険制度って？

介護を「社会全体で支え合う」ためにできた制度

「超少子高齢社会」といわれて久しい日本。要介護高齢者は増加、介護期間は長期化する一方です。核家族や生涯未婚者も増えており、それまでのような「家族に任せる介護」では対応しきれなくなりました。介護を家族だけでやるのではなく、制度を利用して社会に任せたほうがいいというのは、本書の取材でも言及されていますね。

介護の社会化、すなわち高齢者の介護を社会全体で支え合うために、2000年に施行されたのが「介護保険」制度です。介護サービスを利用する際に、所得などに応じてかかる費用の7～9割が介護保険から支給され、残りの1～3割を利用者が負担します。訪問介護や介護施設の利用から、介護ベッドやポータブルトイレなどの福祉器具の購入まで、さまざまなものに適用されます。

介護保険法の第一条に「(要介護者の)尊厳を保持し、その有する能力に応じ自立した日常生活を営むことができるように」と記されているように、**最期まで人間らしい生活を守るという理念が第一にあります**。単にお世話をするのではなく、自立支援が重要視されています。

「介護予防」が重視される時代へ

制度が始まって20年以上が経過した2022年現在、厚生労働省の「介護保険事業状況報告」によると、施行当初と比べて要介護（要支援）認定者は約2・7倍、サービス利用者も在宅および施設含めて3・3倍になっています。65歳以上の高齢者人口は今後も増加することが予測されるため、介護保険制度を維持する財源（※）と介護人材の不足が不安視されています（※介護保険の財源は、税金が50％、保険料が50％）。

また、認知症高齢者の増加も予測されています。認知症高齢者の地域での生活を支えるためにも、2025年を目途に医療・介護・予防・住まい・生活支援が包括的に確保される体制（地域包括ケアシステム）の構築がすすめられています。

そのため、**要介護状態を未然に防ぐ、あるいは重度化させないようにする「介護予防」**に関する支援制度が生まれました。例えば、市区町村が中心となり専門家を招いて行う短期集中型の運動機能トレーニング、閉じこもり予防指導から、NPOやボランティアが中心となって行う地域の交流サロン、見守りサービスなど、行政・民間問わず、地域と密着したさまざまな支援が行われています。

機材は機材でも…
大島さんはもう老眼でしょ！
そうよ！悪い!?
ミュージシャンとこんなコール＆レスポンスで沸いた大島さん
その後
そろそろ付けたほうがいいかなと…
おれなら付けるよ そのほうが安定するしさ〜
さすがミュージシャン オフのときも音楽機材の話か…
保険使えるんだしさ！
自己負担10％だったはず！
うちも3年前つけたよ〜
じゃあ うちの実家も付ける方向で相談してみますわー
手すり
そーしな〜
介護機材の話でした

第4章

気軽に話すことから！老後・介護ネタ集

親も自分も理想の老後を実現するには、元気なうちから話しあっておくことが大切。でも、家族や親しい仲間だからこそ、介護や老後の話はちょっと気が重い……。そこで、雑談のネタになるような老後・介護の話題を集めてみました。まずは気軽な雑談から始めてみませんか？

まだアラフォーだけど、エンディングノートを書いてみた

「エンディングノート」というと、映画やドラマでは「最期までにやっておきたいことリスト」のような形で登場することが多いですが、実際は「もしものときの連絡ノート」のようなものが主流なんだとか。私自身40歳を過ぎて、一週間程度の入院も経験。アラフォーといえども「もしものとき」とは無縁ではありません。

エンディングノートに挑戦！　しかし早くも挫折……？

祖父や父が亡くなったこともあって、**自分の情報を遺しておくことの大事さ**を痛感したので、自分でもエンディングノートは用意しておきたいと思いました。

さっそく書いてみましょ！

コクヨさん

1905年創業の文具・オフィス家具メーカー。「キャンパスノート」をはじめノート・紙製品を数多く製造。気になっていることを整理したい、自分の考えを書き残しておきたい人を応援する「ライフイベントサポートシリーズ」を2009年から発売。

これは……、なかなか**書くことが多い**ですね。

生年月日や口座情報、家族構成はもちろん、**インターネットサービスのID**など、現代人の生活は必要な情報が多いから、自ずと記入項目も増えていくんですね。しかし、自分のお葬式やお墓の話なんかは、気が遠くなってしまいますね。そもそも「どうしたいのか」も自分でもわからない。

バンギャルだからでしょうけど、葬式BGMだけはとめどなく書けますね。私、通夜ではDIR EN GREY[★1]の『MACABRE-揚羽ノ羽ノ夢ハ蛹-』、葬儀では『Ranunculus』がいいんですよね。

それはとてもわかる。許されるなら、出棺のときはLUNA SEAの『WISH』をかけて銀テープを飛ばしてほしいな。ダメか。

銀テープ、いいですね。銀テにはロゴと手描きメッセージを入れたいです。あと自分の出棺はUCHUSENTAI:NOIZ[★2]の『METEORS』であの世に向けて発進したいんですよ。いかん、話がそれてしまう。やっぱりエンディングノートなんてアラフォーの我々には早すぎたんでしょうか……。

★1　絶望や痛みをヘヴィなサウンドで表現し、世界的な人気を誇るバンド。ある意味、お通夜や葬儀で流すにはピッタリなのかも……？

★2　こちらは正反対というか、「戦隊」という名前のとおり、平和を守るヒーローたちのバンド。「発進」はライブ開始時のお約束フレーズ。

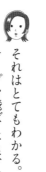

これはもう、助けてもらうしかない……このノートを作っているコクヨさんに！

はい、呼びましたか？

呼べるんだ⁉

「エンディングノート」にチャレンジをしてみたものの、軽く挫折しそうです。そもそもアラフォー世代が手を出すには早すぎましたかね？

いえいえ、こちらの「もしもの時に役立つノート」は、**もともと30代、40代の方に使っていただけるように**と考えて企画しているんですよ。

えっ！　我々はドンピシャ⁉

ご高齢の方でも困らない文字のサイズにはしているのですが、幅広い年齢の方に使ってほしいと思っています。ご購入者を対象にしたアンケートでも、**50代以下の方が半数を占めています。30〜40代が45％で、20代でも買ってくださる方が**います。親のために買ってみたけれど備忘録に便利だったので自分の分も買ったという方や、気に入って同窓会でお友達に配ったというお話も聞いたことがあります。

間口が広い分、人にすすめやすいのはあるのかも。それに、今は新型コロナウイルスの影響で、「もしもの入院」の可能性も高いですし、どさくさに紛れてこういう相談もしやすい時期ですね。

そもそも、この商品のシリーズは約10年前に「家族と相続や遺言について相談したいけど、きっかけがない」という声を聞いて生まれました。ウチの商品なら全国の文房具店さんで気軽に買えますしね。まず最初に「遺言書キット」を発売しましたが、「まだ遺言という言葉には気持ち的な抵抗感がある」というご意見もありました。そこで、生きているときにも日常生活の中で**「備忘録」として役立つノートを作ろう**という話になったんです。お二人のように30～40代だとまだお葬式なんて考えたくないという方もいらっしゃいますし、**最初から最後まで完璧に書かなくてもいい**んですよ。

それを聞いて安心しました（笑）。

「備忘録」って考えると、災害だったり、新型コロナウイルスの影響だったりで、自宅以外の場所に行かざるを得ないケースもありますよね。そういう時にも役立ちそうです。

このノートを**「防災リュック」の中に入れている**というお話も何度か聞いたことがあります。「災害時にパソコンは浸水して壊れてしまったけれど、ノートに口座情報などをまとめていたので、それを手がかりにしてスムーズに通帳の再発行の手続きができた」というメッセージをくださったお客様もいました。

「エンディングノート」というけれど、いろんな使い方があるんですね。

では、コクヨさんと一緒に、改めて記入項目を見てみましょう。

「エンディングノート　もしもの時に役立つノート」の記入項目

〈自分の基本情報〉
名前、生年月日、現住所、過去の住所、健康保険証番号、パスポート番号など

〈資産状況〉
預貯金、自動引き落とし、不動産、ローン、クレジットカード情報、加入している保険、年金情報など

〈気になること〉
携帯、ＰＣの情報、登録しているサイトのＩＤ、宝物コレクション、ペットの情報など
〈家族、親族〉
家族・親族の名前や住所、親族表、命日、冠婚葬祭の参加歴など
〈友人、知人〉
友人、知人の名前や連絡先
〈健康管理〉
かかりつけ病院、持病、アレルギー、告知・延命処置の希望、介護の希望など
〈葬儀、お墓〉
葬儀の希望、お墓の希望、所在地など
〈遺言、相続〉
遺言書について、相続の希望、大切な人へのメッセージなど

ノートの中で「まずここは書いたほうがいい」みたいな項目はありますか？

ユーザー様のご意見をみると、**銀行口座や保険を優先**して書いていらっしゃる方は多いようです。近年はネット銀行などの通帳のない銀行も増えているので、家族は口座の存在を知らない、調べ方もわからないというケースもあるようです。

遺された人が保険や口座の存在を把握していないと、保険金の申請や口座の解約もできないですもんね。ウェブサービスの記入欄もありますが、**契約しているサブスク**★3も書いておいたほうがいいかも。

ほかには、**宝物コレクション**を重要視している方も多いようです。

この項目は我々も気になりました（笑）。

この本は、「趣味と老後」がテーマだそうですが、私も実は「お人形」を集める趣味がありまして……。球体関節人形を少々お迎えしていて……。

まさかのドールコレクター！　しかも**「ガチ」の人**だ。

★3　「サブスクリプション」の略。毎月定額を支払って音楽や映画などのサービスを利用するシステム。自分が亡くなった後に誰も解約しなかった場合、知らず知らずの間に課金され続けてしまう……？

この言い方は、絶対「少々」の数じゃないですよ。

なので、自分にもしものことがあった場合、人形たちが捨てられてしまったらかわいそうじゃないですか。だから家族にも「もしもの時はこの子は○○さんにあげてほしい」といろいろ伝えていたんですが「覚えられないよ」と。詳しくない人からしたら、そうですよね（笑）。

それはたしかに。我々も「その筋の人」しか価値がわからない物品をしこたま抱えています。そんなコクヨさんだからこそ、コレクションのページがあったんですね。

そうなんです、自分自身にとっても必要なノートを作りたかったんですよね。もちろん、コレクション系の趣味がない方でも、お話をお聞きすると皆さんご自分にとっての宝物をお持ちだったりしますので、このページを気に入って書いてくださる方も多いです。あとはペットの情報を重要視されている方もたくさんいらっしゃいますね。

エンディングノートは「これまでの自分の棚卸し」！

CD-Rなどのディスクを入れるフォルダもあるんですね。私はここに「お葬式の時に流してほしいBGM」を入れたいですね。

コクヨ エンディングノート 開発担当者は
まさかの…
球体関節人形のオタクだった
コクヨ
この子たちを遺して死ねるかーーーー!!

そうですね、音楽にこだわりのある方は多くて、「クラシック曲の中で、この指揮者のCDがいい」みたいに、家族でもわからないような細かい要望を持っている方もいるので、**CDを入れておいたほうがいい場合も多い**と思います。

自分の宝物を改めて書いたり、好きな曲をCD-Rに入れたり、エンディングノートを書く楽しさもわかってきました。

「好きな食べ物」、「呼ばれていたニックネーム」、「好きな芸能人」なんかも書く欄がありましたけど、小学生の頃に書いたプロフィール帳★4みたいですよね。

趣味や好きな音楽って、家族や周りの人がすべてを把握しているわけではないじゃ

★4　その名の通り、自分の名前やあだ名、好きな食べ物などを友人同士でまわして交流するためのノート。勉学の役には立たないものの、「文房具」の範疇なので学校に持ってきても怒られない（ことが多い）ため、小学生女子の交流には欠かせないアイテムです。

ないですか。お葬式以外でも、例えば入院したり介護施設に入ったりする場合にも、好きな音楽を流すことで元気付けられたりするでしょうし、他にも「好きな食べ物」欄や「友達から呼ばれていたニックネーム」なども**介護の現場で役に立ったりする**そうです。ですので、〝エンディングの準備〟というのもありますが、「**これまでの自分の棚卸し**」感覚でも、利用してもらいたいですね。

友人欄も大事ですよね。普段、本名じゃない名前でしか呼んでいない人もいるし（じっと横を見る）。

私ですか！　たしかに周囲から「めんまさん」と呼ばれることのほうが多いです。趣味友の本名を知らないということは、我々の世界ではよくありますからね。

友人以外でも、「○○（地名）のおじさん」呼びでしか把握してない親戚とか、います。

「おまかせする」ばかりでもOK、意思を示すことが大事

そうそう、お墓やお葬式の欄は書くのに悩みましたね。

「おまかせする」「お金はかけたくない」ばっかりにチェックしちゃいましたね。戒名とか

想像もつかなかったので、やっぱり「おまかせする」になってしまいました。

それは、**遺された人たちに「おまかせする」ということが伝われば、それはそれでいい**んです。「もっと盛大にやってあげたら良かったのでは」という後悔が生まれないので。

今自分が死んだら、最初にノートを見るのは高齢の母なので、「何もしなくていい」って書いたけれど、もしかしたら将来もっとやりたいお葬式も出てくるかもしれないですし。

でも「（葬儀の）費用を用意してない」という項目にチェックするたびに、やや罪悪感はありますね。介護に関する項目も、費用から他のことまで、誰にも何にも相談していないので、そこに関しても改めて考えてしまいました。

若い人はみんなそうだと思います。

ここまで書いて思いましたが、これは元気な時にノリや勢いでもいいから書き始めておいたほうがいいかも……。正直ガチで死期が迫った人に「書いて」とは言いにくいボリュームです。

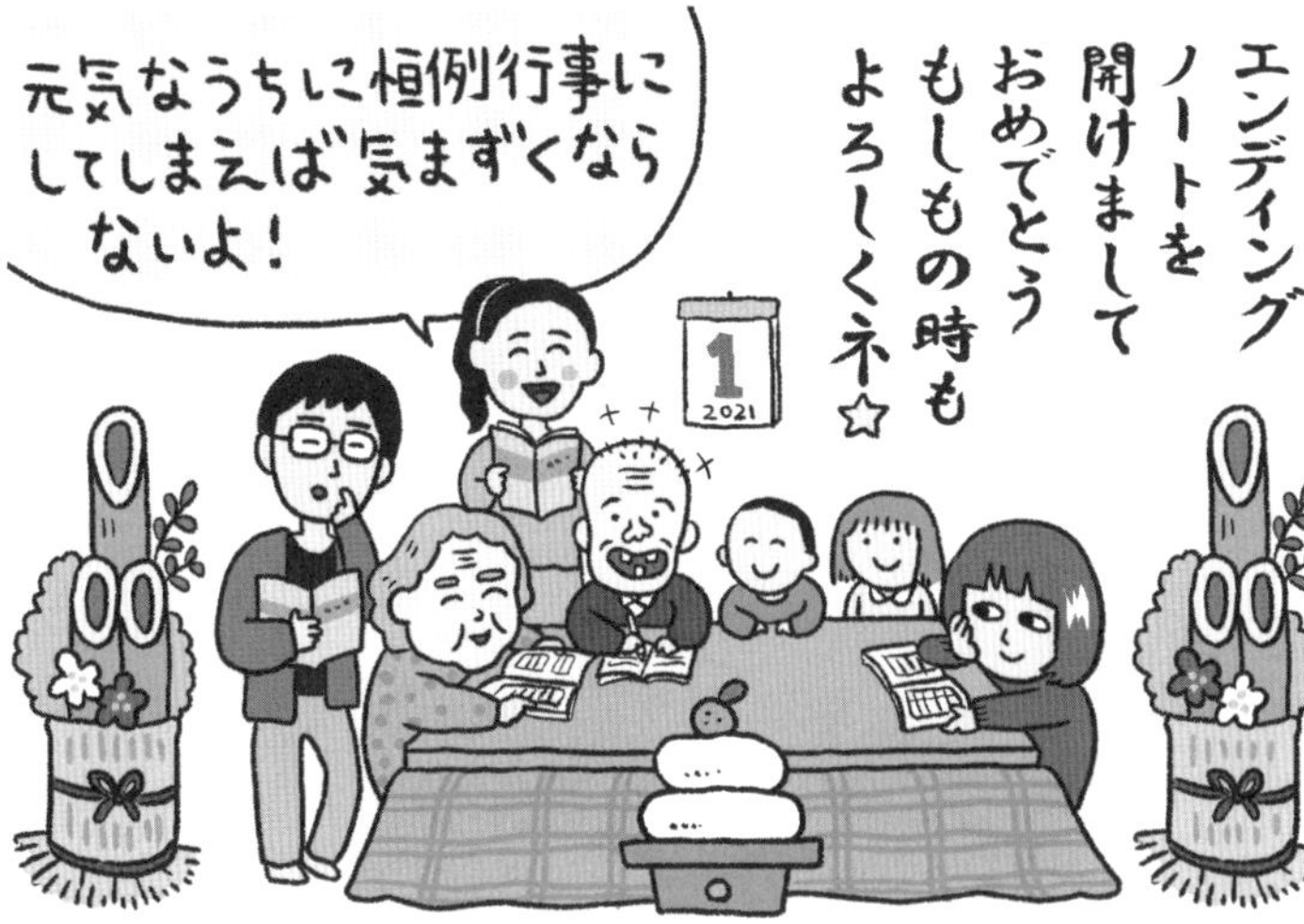
元気なうちに恒例行事にしてしまえば気まずくならないよ！
エンディングノートを
開けまして
おめでとう
もしもの時も
よろしくネ☆
1
2021

早めに親にも書いておいてほしいですけど、すすめるのにやっぱり勇気がいりますよね。どう切りだせばいいでしょうか？

お正月やお盆に毎年ご家族で情報アップデートをしている人もいるそうです。結婚や出産をきっかけに書いたという方、あるいは重い病気ではないけど、健康診断でひっかかったから書き始めたという方もいらっしゃいました。

きっかけはなんでもいいんですね。

普段自分でも意識しないことだったり、これまでの自分をふり返るためにもいいし、これを書くことで、「**ちゃんとしたことを書けるような自分になろう**」と思えるようになりました。

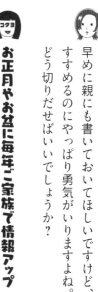

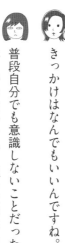

まさに「自分の棚卸し」だ！

MEMO

巻頭漫画でも説明がありましたが、めんまさんのお父様が2022年に急逝されました。ご両親はめんまさんのお仕事をいつも楽しみにしており、この連載を読んでエンディングノートを入手し記入していたそうです。その情報がめんまさんやお母様にとってすごく役立ったらしく、「もしものとき」の準備が遺された人を助けるのだなと思いました。めんまさんの強いすすめもあり、先日、私の両親にもノートを贈りました。

高齢ドライバーはみんな免許返納すべき!? 自動車と高齢者のいい付き合い方

もはや社会問題ともいえる「高齢者の免許返納問題」。数年前にも高齢者の運転による痛ましい事故がセンセーショナルに報道されました。その影響もあって「祖父母や両親の免許をどうするか？」と考えている人は多いのでは……。

高齢者〝だから〟危険な運転をする？

まず皆さんに質問があります。「高齢者の運転は危ない」って思います？

そうですね。近年の事故報道などを見るかぎり「危ないのでは」と心配してしまいます。

本人の怪我も怖いですが、人生の終盤に加害者側になるのもつらすぎます。

並木靖幸（なみき・やすゆき）
1958年生まれ。広告会社で行政の広報活動などに従事した後、NPO法人高齢者安全運転支援研究会へ。高齢者の認知機能や身体能力と運転との関係を調査・研究し、高齢でもできるだけ永く安全運転を続けるための講習会などを行う。

では具体的に、ご家族、ご親戚の運転の**「何が危ないか、どこが危ないか」は説明できますか？**

……ぐ、具体的に挙げるとするとパッとは出てこないですね。

大前提として、危ない運転をする人は免許を持ち続けてはいけない。けれど、**年齢だけで危ないとは言いきれない**んです。図1のグラフを見てください。ほら、若い人もすごく多いんです。なのに「若者は免許を返納しましょう」とはならないでしょう。

言われてみたら、それはたしかに。

「高齢者の運転は危険」という先入観が蔓延しているんです。超高齢社会となって、高齢者で免許を持っている人口も増えていますが、多くの高齢者は普通に運転しています。だからこそ、もう少しフラットな目線で高齢者の運転を考えてもらわないと、高齢者の方も納得しないですよね。

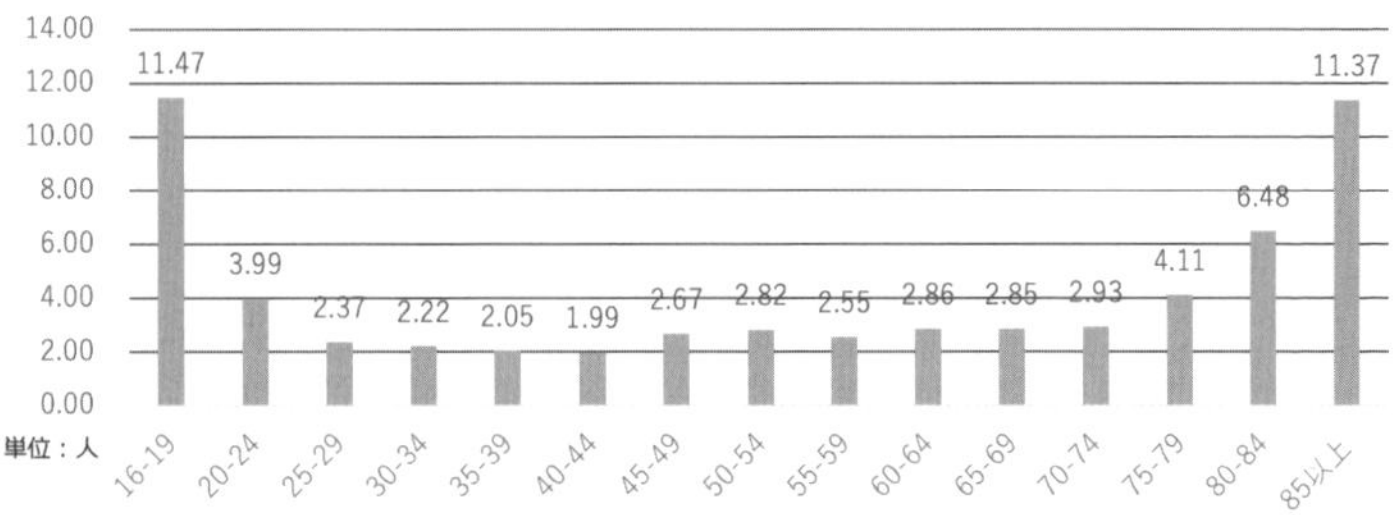

図1：年齢層別10万人あたりの交通事故件数（警察庁統計資料2020年を基に作成）

自分も15歳くらいのときに、親から「危ないからライブに行くな」と言われ、「危ないって言うなら一度現場を見て何が危ないのかちゃんと説明してくれ！」って思っていたのに、大人になって、あのやるせなさを忘れていました……。

現在の免許制度と高齢ドライバー

では、そもそも現在の免許制度では「危ない運転」をする人を見つけるためにどのような制度があるのでしょうか？

70歳以上の人は免許更新のときに**「高齢者講習」**を受けなければなりませんが、とくに75歳以上の人は過去3年間にさかのぼって交通違反があった場合に、**「運転技能検査」**を受けなければなりません。これは2022年5月から始まった新しい制度で、免許試験場や教習所などで運転の実地検査を行います。実地検査をパスできなければ免許更新ができません。実地検査をパスできれば、**「認知機能検査」**を受けることになっています。

この検査によって、「記憶力・判断力が低くなっている方（認知症のおそれがある方）」と、「記憶力・判断力に心配のない方（認知機能が低下しているおそれがない方）」の二つに分けられます。

ちなみに以前の検査制度では、認知症が疑われ医師の診断書が必要な第一分類と、認知機能の衰えが懸念されるという第二分類、そして問題のない第三分類の3つに分かれていました。これがなぜ変更されたかというと、警察の統計によれば、第一分類とそれ以外の交通事故率が「ほぼ変わらない」という結果が出たからなんです。

だから実地検査を行うことになったんでしょうか？

そうですね、高齢者の方からも「検査に通るのだろうか」と心配の声が多数あがり、注目されていました。けれど制度がスタートして半年ほどの時点で、検査に通らない人は、警察の当初の予測よりも少なくなっているようです。

認知機能と運転技能は必ずしも一致するわけではないんですね。またしても先入観。

検査で「認知症のおそれがある」と判断されると、運転を続けるには、認知症かそうでないかを示す医師の診断書が必要になります。でも、実際は約45％[★1]の人が、診断書を取る前に自分で返納しちゃうんです。

お医者さんの診断結果によって免許を失ってしまうよりは、自分から返したほうが精神的なショックは軽そうですね。

★1　平成30年の警察庁「認知機能と安全運転の関係に関する調査研究報告」による。

そうですね。**家族や周囲から「認知症」のレッテルを貼られたくない高齢者は多い**と思います。プライドがそうさせているケースもあるのかもしれませんが、認知機能の低下を知ることが、運転をやめるきっかけになった人も多いのではないでしょうか。

ふむふむ、危ない運転をする人は免許継続できないし、反対に高齢になっても安全な運転をする人は胸を張って継続できるという仕組みになりつつあるんですね。

免許を返納した後のサポートも充実してきているそうです。免許を自主返納すると「**運転経歴証明書**」というものがもらえて、それがあるとタクシークーポンをもらえるようなサービスをやっている行政もあるそうです。地域差もあるとは思いますが。

免許の返納や取り消し処分によって運転ができなくなる前から、電車やバスなどの公共交通機関を使って活動することも選択肢に入れて、少しずつ慣れていくといいと思います。電車に乗る楽しみなんかも、新たに見つかるかもしれませんし。

バンドが解散してしまう前に「推し増・推し変」しておけ！　ということですね。

安全な運転の工夫から、自主的な返納まで高齢ドライバーとどう向き合う？

自分で返納を判断するのが理想的ということですが、どうやって自主返納の話を切り出せばいいのでしょうか。

今の高齢者は高度経済成長を支え、車社会の発展とともに生きてきた人たちです。そういう人たちは「**免許を取って車を持つこと**」**自体にすごく思い入れがある**んです。ある事例では、返納までに7年かかった方がいました。ずっと家族と免許について揉めていたんだけど、最後はご本人が物損事故を起こしたことがきっかけで、自主返納したそうです。

7年！　やっぱり時間がかかりますね～。

ご家族のお迎えに行ったり、あるいは行楽に出かけたりと、**ドライバーにとって車や免許には思い出や家族を支えてきた自負が詰まっている**ことが多いんですよ。これまでのことがまるでなかったかのように、家族から「迷惑だから運転をやめて」と言われれば、ケンカになるのは当たり前です。女性は、公共交通機関が充実しているとかで生活に困らないならば返納しようと合理的に判断する傾向にあるのですが、男性の場合、合理性だけではなかなか返納に至らないことも多いそうです。

プライドがあるのでしょうね。

切り出し方として、**これまでの感謝を表しつつ「最近、身体の調子はどうなの？」といたわる気持ちを糸口にするのがいい**でしょう。そこでもし気になることがあるなら、安全に運転を続ける解決策を一緒に考えてみましょう。

いたわりの気持ちから入れば、ケンカにならなさそうですね。

あるいは、通勤通学の時間帯はどうしても自転車や歩行者が増えるから、運転を避けるとか。病院に行くなら、駐車場が空いている時間帯に行くとか。いろいろな工夫が考えられます。もし持病があるなら、それに合わせた提案をするのがいいですね。白内障があるな

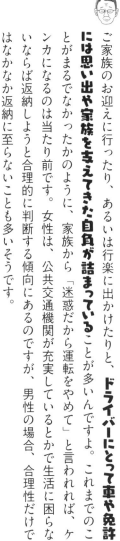

ら、太陽や夜間のヘッドライトが眩しい時間帯は運転を避けるとか。

ほかにも、**ドライブレコーダーの取り付けもすすめて**みましょう。客観的な事実をとらえるものですから。記録された映像を一緒に見て「ちょっと危なかったね。このときはどうしたの？」と問いかけていくと、ご本人もだんだん「危なくなってきたな」って自覚が出てくる。そこでやっと「家族もサポートしていくから、返納を考えてみようか」という話ができるのではないでしょうか。

親との密なコミュニケーションが大事になってくるんですね。う〜ん、実は私はそれがちょっと苦手で……。離れて暮らしている親とは仲が悪いわけではないものの、頻繁に連絡をとったりはしてないんですよね。そんな場合、何から始めたらいいでしょうか。

例えば盆暮れに帰省することがあるなら、**運転席側に傷がないか**確認してみてください。運転席の反対側は死角だから多少こすることがある。だけど運転席側がベコベコだと認知機能が衰えているので、周囲と相談して検査をすすめてみてはいかがでしょう。連絡をとるときには、文字よりも会話のほうが相手の様子がわかるので、**メールやメッセージアプリよりも電話がおすすめ**ですよ。
それから、高齢者の事故で若い人たちと違って圧倒的に多いのは**ハンドル操作ミスとペダルの踏み間違い**なんですが、最近（2021年11月以降）販売される新型車には、衝突被

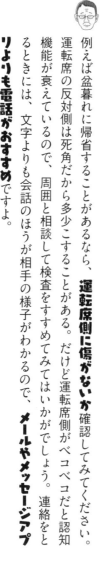

害軽減ブレーキの搭載が義務化されています。とはいえ、新車を購入するのは金銭的にちょっとむずかしいかも……とか、今すぐ対策したいなどの場合には、踏み間違い防止装置を5万~10万円くらいで後付けもできるので、新車を買うつもりのない高齢ドライバーにも、ぜひおすすめしてもらいたいです。

運転という「趣味」を諦めることになったら……代わりになるものは？

運転自体が趣味になっている人だと、納得して返納しても喪失感はすごそう……。免許を返納して車を手放したとたん、認知症が進むケースもあるそうですし。

私たちはこの2年以上、コロナ禍によって趣味の現場を奪われてきたので、免許を奪われたと感じる高齢者の気持ちも少しはわかるような気がします。

免許を返納する前に「移行期間」というか、心の準備をする期間を設けるのもよいかもしれません。近場なら車ではなく電車やバスの公共交通機関や徒歩にするとか……。

ウチの父もそんな感じでした。駅の近くに引っ越してからは「もう車いらなくない？」と

免許を返納していました。ウチの場合は運転そのものにこだわりはなかったのでスムーズでしたが。

運転そのものが趣味の場合、車に代わる趣味でおすすめのものはありますか？

最近は、レーシングゲームで非常によくできたものがたくさんありますね。実在するコースを走ったりいろんなパーツがあったり、グラフィックもかなりリアルなんです。うちの団体の理事長もできるだけ永く運転を楽しみたいってタイプだから、いろんなゲームソフトを試して運転の感覚をリアルに楽しめるゲームを探していますね（笑）。

私たちがオンラインでライブ参戦する感覚に近いですかね。**100％代わりにはな**

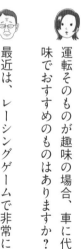

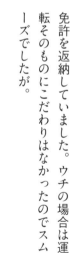

うないけど、選択肢があるのは救いです。

ウチの父も「もうスロットには行かない」といって、一時期その代わりに「ドラクエ」のカジノをやっていましたね（笑）。

教習所は私有地だから、たまに免許返納した人たちのために開放してくれるとか、あるいは自動車メーカーの私有地で運転できるような「もう一度運転を体験できる」サービスがあるといいかもしれません。

安全な場での「再結成イベント」ですね。我々もそういう機会に多々救われていますので、そうなってくれることを願います。

MEMO

ニュースなどを見て「お年寄りの運転は危ないな」と、根拠なく先入観を持っていることに気づかされた取材でした。現在の高齢者世代は自動車の発達とともに育ってきたとのことですが、私たちの世代にとってそれがインターネットやSNSだったりするんですよね。ライブだけじゃなく「危ないのでSNSをやめてください」って言われたら泣いてしまう……。

還暦を過ぎてもバンギャルを続けるための身体づくりを、プロレスラーに教わりにいった

コロナ禍の間にすっかり体力がおちてしまい、ライブで2時間立ち続けることすらつらくなってしまいました。人生100年時代、できれば一生ライブに行きたい！　そのためには1に体力、2に体力。そして体力といえばプロレスラー。というわけで、トレーニング&ケアの方法をレクチャーしてもらいました。

加齢で「生きがい」をやめないために

この取材を受ける前に、予習としてヴィジュアル系のライブ動画を観たんです。バンギャルさんの動きって本当にかっこいいですね。

かっこいいだなんて、感激です！

鈴木 心（すずき・しん）

プロレスラー、スポーツインストラクター、パーソナルトレーナー。2019年まで「いたばしプロレスリング」に所属、その後フリーのプロレスラーに。板橋区にて子供からシニアを対象とした運動教室「HEART BEAT FITNESS」を開催中。

ちょっとここでやってみせてくれませんか？

私は家で配信ライブを観る時でもヘドバンしますよ！（ブオンブオンとヘドバンをするめんまさん）

やっぱりこの動き、首に負担がかかっちゃいますよね。

かかりますね（即答）。

身体の将来のことを考えると、やっぱりやめたほうがいいですか？

それは違います。**人生において「生きがい」は大事なので、やめたくないことはやめなくていい**んですよ。ただ、**ケアは必要**かと思います。とくに、ライブ前にウォーミングアップをしたほうがいいかと。ライブ直前じゃなくても、その日の朝にでもやっておくと、全然違いますよ。

ではさっそく教えてください！

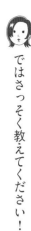

デスクワークからライブ参戦まで!

ヘドバン・トレーニング

①
これが痛い人は、首回りの筋肉がめちゃめちゃ張ってます!

左側頭部を右手でおさえ、
左手を遠くに伸ばす
10秒キープしたら反対も

②
息を吐きながらやってみよう

頭を両腕で包んで、
ひじを閉じてあごを引く
ひじを胸に近づけるように下げる

③

両手を合わせて親指を
あごの下に添え、首の
前側がゆるやかに張る
ところまで持ち上げる

まずはストレッチから

まずはヘドバンの前におすすめのストレッチです。一見簡単そうに見えますが、これだけでもう痛い!

これすらできないかも。でもなんか「効いてる」気がします。

③なんて、普段この角度まで首を動かさないですからね。

ヘドバンも髪がバサバサして首が動きまくってるように見えますすけど、実は動かす角度はさほど大きくないですよね。

デスクワークの人にもおすすめ!
④

肩幅よりやや広めに
タオルを引っぱって持ち、
頭の後ろで上げ下げする

次に少し負荷をかけよう

⑤
横から見るとこう

耳より上の後頭部に
タオルをひっかけ、頭は上に、
タオルは下に力をかけ引っぱりあう

ぐる
ぐる
⑥
勢いよく
やりすぎると
腰に負担が
かかるので注意!

④と同じようにタオルを持ち、
ひじが耳の後ろにくる位置で
腕を上下左右に動かす

④や⑤に使うタオルは、バンドのマフラータオルがぴったりな長さですよ！

このくらいの動きなら、周囲に気をつければライブの開演待ちにもできるかもしれないですね。ヘドバンやデスクワークはどうしても「巻き肩」の状態になるので、こうやって肩甲骨を動かすのがいいんだとか。

普段使ってないところがゴリゴリ動く感じがしますね。

加齢による肩・腰のトラブル予防!

折りたたみ&手扇子トレーニング

「折りたたみ」とは?

高速おじぎ!

曲のリズムに合わせて上半身を倒したり起こしたりするノリ方。V系以外でも行われる

「手扇子」とは?

90年代式
00年代以降

手をヒラヒラさせるV系独自のノリ方。年代によってやり方に特徴がある

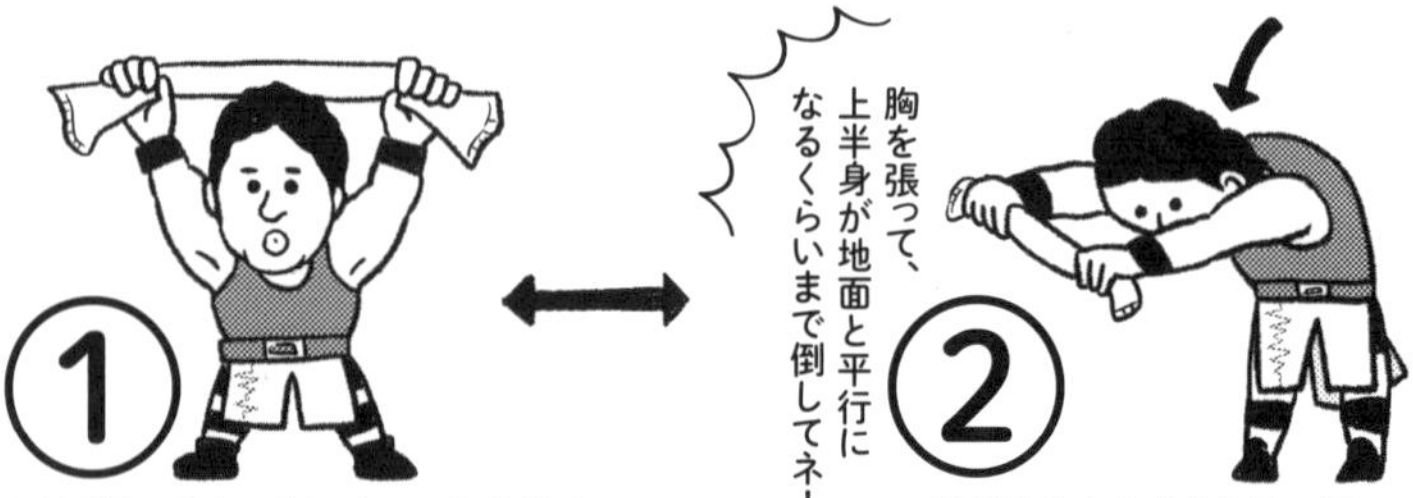
①
②
胸を張って、上半身が地面と平行になるくらいまで倒してネ!

足を肩幅に開き、頭の上で、肩幅よりやや広めにタオルを引っぱって持つ

股関節から上半身を前に倒し、ゆっくり起こす

バンギャルがヘドバン同様にライブでよくやる「手扇子」や「折りたたみ」ですが、四十肩になってしまうと、手扇子なんてなかなか難しそうですね。

肩と腰は、加齢と共にトラブルを抱える人が多くなる部分です。ここも、ストレッチやトレーニングをするといいですよ!

漫画家やライターにとっても、それはありがたい運動です。

①

前から見たら
Tの字になるように！

足を肩幅に開き、胸を張って上半身を 45 度くらい倒す
その姿勢で、腕を上下に動かす

V系のV
ですよ～！

上から見ると
Wの字！

②

①の姿勢で、両腕を垂らした状態から頭の上に持ち上げ V 字に開く

③

①の姿勢で、腕を肩の高さまで水平に上げ、ひじを後ろに引く

簡単そうに見えて、上の①もなかなかこたえますね。

②は、皆さんの好きなV系の「V」です～！

好きだけど～～？

これはしんどい～～！　気合いでなんとかするしかない～～？

これで老後も華麗な手扇子を！

加齢しても、ね！

足腰を鍛えて介護予防にも！

ジャンプのトレーニング

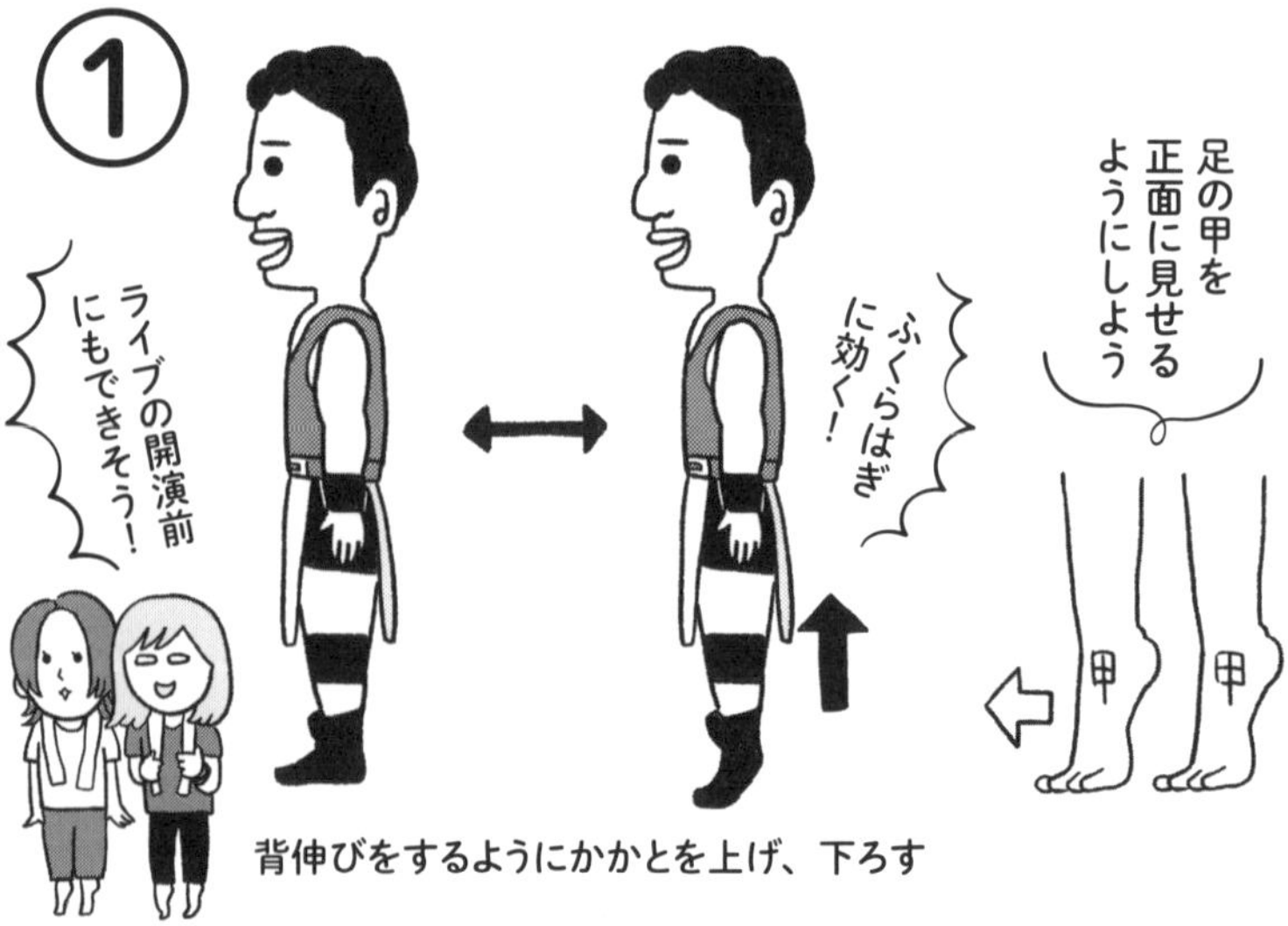
①
ライブの開演前にもできそう！
ふくらはぎに効く！
足の甲を正面に見せるようにしよう
甲
甲

背伸びをするようにかかとを上げ、下ろす

X JAPANからゴールデンボンバーまで、いつの時代にもバンギャルに求められるノリ方、それがジャンプです。

①は地味にキツいですが、場所を選ばずできますね。

②は「ぴょん、ぴょん、深く」という感じですね。難しい！

お二人ともだんだん上手になってきていますよ！

本当ですか？　やっぱり、褒められると嬉しいですね。

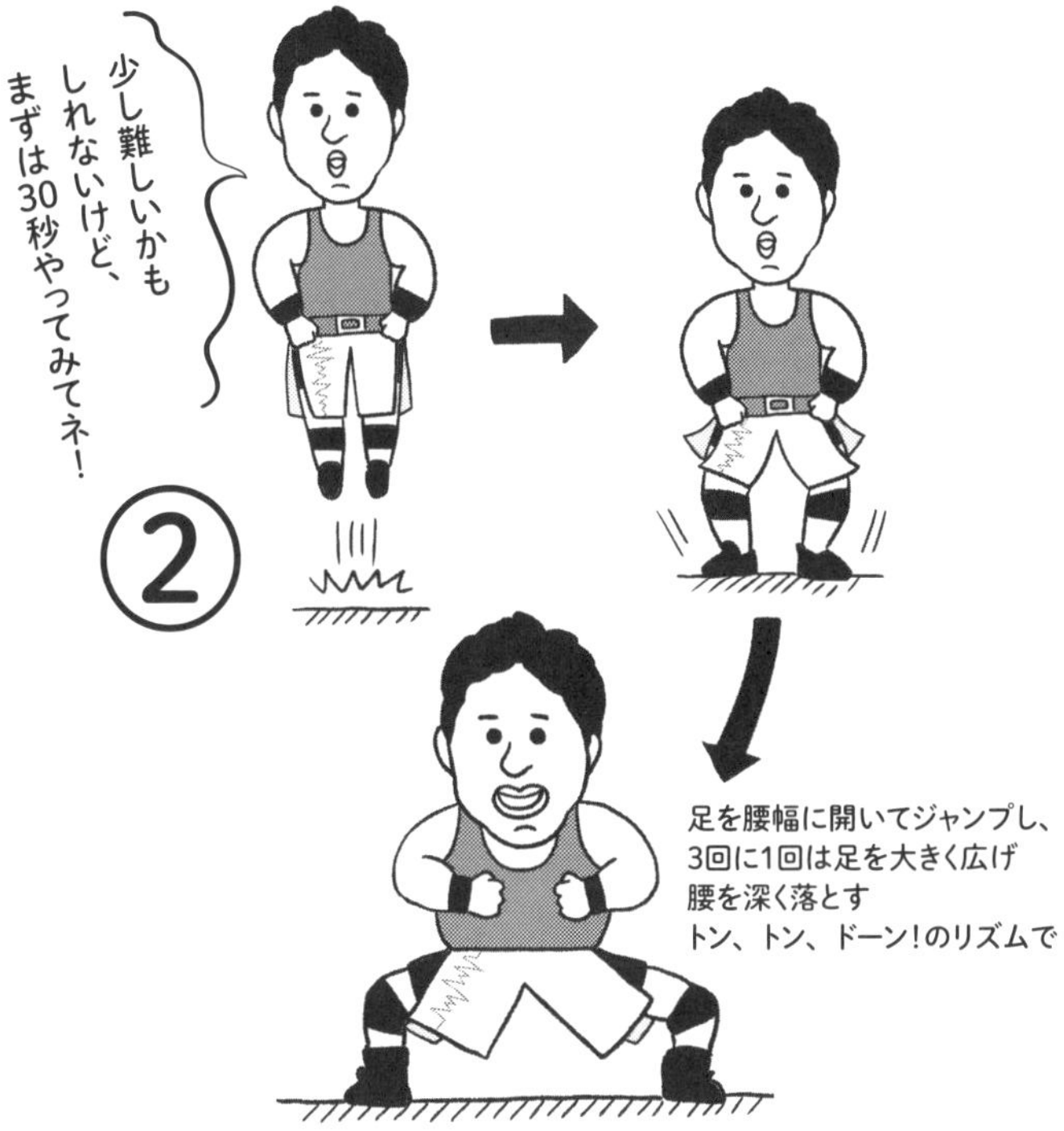
少し難しいかも
しれないけど、
まずは30秒やってみてネ！
②
足を腰幅に開いてジャンプし、
3回に1回は足を大きく広げ
腰を深く落とす
トン、トン、ドーン！のリズムで

大人になったら褒められる機会はなかなかないですからね。ストイックに続けることって難しいんです。できれば楽しくやりたいですよね。人生は1回しかないんですから。

V系バンドマンの皆さんもアラフィフやそれ以上でバリバリにライブしたり、ストイックなんです。我々も見習わないと……！

それに、老後の貯金と下半身の筋肉は、ナンボあってもいいらしいですからね！

運動を続けるコツは？

運動ってやっぱり続けなきゃ意味がない気がするんですけど、続けるコツってなんですか？

楽しかったら続ければいいし、嫌ならやめればいいと思うんですよ。

そんな気軽でいいんですか？

嫌なことは続けても仕方ないですから。人生の中でいろいろと、必要かそうでないかを考えることって多いと思うんです。だから、運動もそのひとつでしかないですよね。運動して「意外と疲れないな」って思ったら続けてもらえればいいし。ライブに行かなくなっても、応援したい気持ちがなくなるわけではないと思うんです。

それはたしかに。

そこで「**できなかった**」**って落ち込んだら、元も子もない**ですよね。なんにせよ、**運動したら気持ちはスッキリする**と思うので。リラックス効果もあると思います。自分のペースを大事に運動してもらえればいいかな。日常でできるちょっとしたことでいいんです。

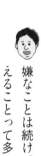

例えば、駅でエスカレーターではなく階段を使うとかですよね。

なるほど〜。

あとは、意識的に続けたかったら、**「人と一緒にやる」**というのは一番効果があります。僕はコロナ禍でトレーナー仲間と、「1ヶ月でみんなで腹筋を合計○回目指すぞ！」って目標を立てて、LINEグループで励まし合ってやってきました。

たしかに。私も実はストレッチや軽い運動をしたら報告して、**相手をめちゃくちゃ褒めるLINEグループ**を友人とやっていて、今もなんとか続けられています。

MEMO

介護予防、とくに転倒による骨折などを予防するためには、筋肉量が重要になってくると言われています。遠い未来の「予防」というと、モチベーションがなかなか上がらないですが、「いつまでもライブに行くため」だったら続けられる気がします。まじめにジム通いは続いたためしがなかったけれど、気楽にやることで、むしろ毎日やっているような……。これを書いている今も、首のストレッチをしています。

高齢者の周りにはカルト、悪徳商法、陰謀論の罠がいっぱい？ 研究家に聞いてみた

「実家に久々に帰省したら、親がYouTubeを見ておかしな陰謀論にハマっていた」なんて話を耳にしたことはないでしょうか？ あるいは「自然派」や「癒やし」をうたって一見「よさそう」な商品や教室でも、実はカルト宗教や疑似科学が背景にある悪徳ビジネスだったり……。心のスキをついてくる陰謀論や悪徳商法、自分たちがハマるのも心配ですが、高齢の親に対しても不安です。

ヨガから生前整理、YouTubeまで……「ヤバいもの」の罠だらけ

父が他界してからここ1年くらい実家で母と同居をしているんですが、ポスティングのチラシがとても多いんですよね。次のページのチラシを見てください。**一見ヨガ教室っぽいけど、なんか違和感があって……。**

雨宮 純（あまみや・じゅん）

オカルト・スピリチュアル・悪徳商法研究家。悪質商法、疑似科学、陰謀論、オカルト史などについて調査し、記事や動画で発信する。著書に『あなたを陰謀論者にする言葉』。週末はメイクをする女装男子。

たしかに、大手チェーンのヨガ教室のチラシとは違った怪しげな雰囲気ですね。これは、陰謀論やカルト宗教、マルチ商法やスピリチュアル、疑似科学ビジネス……とにかく例を挙げるとキリがない**「なんかハマるとヤバそうなやつ」**に詳しい、ライターの雨宮さんに相談してみましょう！

事情は聞きました。どんなチラシなんでしょうか？

コレです、どう思いますか？

ああ、これは某カルト団体のスクールですね。「東洋の伝統と最新の科学を取り入れた」とうたっているのですが、「独自の呼吸法」や「セルフヒーリング」など曖昧な表現が多く、**やっていることは伝統的なヨ**

ガと全然関係ないんですよ。正直、ヨガ業界にとっても迷惑な存在です。

思った以上に直球で「ヤバい」やつですね。

この他にも最近は**「終活、生前整理対策・あなたのお家の貴金属を買い取ります」**的なチラシが入っていることもありました。

それはおそらく、貴金属を買い叩く業者です。高齢者の一人暮らしだと業者相手に強く言えないことも多いので、狙ってくるんですよね。

ウチは実家の電話を私の携帯電話に転送するようにしているのですが、勧誘電話がすごく多いですね（93ページ参照）。

自分自身がそういった怪しいモノにハマる可能性もあるものの、ネットリテラシーが低い高齢の親のことが心配になってしまうんです。ネットもリアルも危険の入り口が多すぎる。

ヤバいものは「いいもの」の顔をしてやってくる

そういえば、以前は明らかに高額すぎる怪電波防止グッズとかの通販サイトを面白がって

見ていたんですが、高齢者と暮らして実際狙われていることを実感すると、楽しめなくなりました。

「あんなの本気にする人、いるの？」みたいに思っていたけど、SNSを見ていると本気にしている人、わりといますよね……。全部ステマやサクラだったらいいけど、そうじゃなさそうだし。**「自分の健康を守るため」というお題目**で怪しげなものにハマるケースも多いですよね。

「宗教」というと拒絶反応があるけれど、「健康」「癒やし」というとスッと入ってしまう。そこに悪質な医者がお墨付きを与えたりすることもあるので、話がややこしくなってしまうのですが。

「ガンに効くエキス」みたいな。それを買うだけならまだしも、**標準医療[★1]から遠ざかってしまって病状が悪化してしまう**ことも多いらしく、社会問題としてとりあげられたりしてますよね。本当にそこら中に罠がある……。

★1　多くの臨床試験の結果を基に専門家の判断と科学的根拠に基づいた、安全性、有効性において最善の治療法を指します。

【高齢者を狙うさまざまな罠】（※これは一例です）

・**ヨガ教室**……運営母体がカルト宗教だったり、高額なアロマオイルなどのマルチ商法勧誘の入り口になっていたりすることも。

・**不用品買取**……「断捨離」や「終活」をうたって広告を出しているが、悪質な業者の場合、貴金属を買い叩かれることも。

・**陰謀論**……「新型コロナウイルスは外国の生物兵器」「地震は人工的に起こすことができる」「あの芸能人は陰謀で殺された！」などジャンルは多岐にわたる。雨宮さんいわく、集会やデモに高齢者の姿は多いそう。入り口はYouTubeや友人からのLINEなどさまざま。

・**マルチ商法**……その組織の会員になり、商品やサービスを「割安」で入手し販売してマージンを得る商法。勧誘する側は良いことしか言わないけれど、結局は周囲の友人や家族を巻きこむことになりがち。ネットワークビジネスと呼ばれることも。ねずみ講は法律で禁じられているが、マルチ商法は禁止事項は多いものの合法。自然派食品やスピリチュアル、あるいは自己啓発サークルなど、悪徳ビジネスに引きずり込む入り口はさまざま。近年はネット検索しても（他の検索結果に埋もれるため）悪評が出てこないよう、「環境」などの名称を使う団体も。

・**代替医療**……「○○でガンが治る」的なサプリから、「病院には行くな！」と不安を煽るものまで。

ウチの肉親も、たまに健康食品を買うんですよ。今のところ問題は起きていないけど、悪徳ビジネスにつけ込まれる「とっかかり」は充分あるから、何を買っているかとかは気にするようにしています。でも目くじらを立てすぎてもキリがないというか、口うるさく言ったら家庭の空気も悪くなってしまいそうで。そもそもお金の面だけでいえば私のバンギャル活動費のほうが高いから、強く言う立場にない気もしまして……。

そうですね、**まず否定しないことが大事**といわれています。これは昔からカルトの対策本にも書いてあることなんです。こちらが否定することで、相手から拒絶されてしまったら元も子もないので、話ができる程度の距離感を保っていたほうがいいんです。例えばひとりでちょっと高い健康食品を買うとか、YouTubeを見てるだけとかならそこまで害はないけれど、**周りに広めだすとヤバい。**インプットではなく過度にアウトプットするようになったら、止めたほうがいいのかもしれません。

アウトプットはちょっと注意
なんだかハツラツ!!
複数買ってまわりにくばる
専用SNSをつくって啓蒙！
セミナーOFF会
デモに参加！
と言いつつもオタクの我々アウトプットしまくっていませんか…？
布教…それは我々の日常…
推し活と大差なし？

陰謀論と「推し活」は似てる？

ウチの親子間は仲が悪いわけではないのですが、あまり頻繁に連絡をとるタイプではないので、少し寂しそうにしていることがあります。陰謀論やマルチ商法にハマる高齢者問題には「寂しさ」も原因にあるのかなと。

私が見てきたかぎり、陰謀論やカルトにハマる層って、**若者か高齢者**に多い印象があります。働き盛りの世代、仕事や人生が充実してる世代はあまりターゲットにならないというか。「健康のため」だけだったら、「○○が裏から世界を操っている」みたいな話にはハマらないですよね。集会に行けば仲間がいる、自分たちが団結すれば世界が変わると信じている……**居場所づ**

くり、自己実現の側面もあるんです。

「○○をオリコンチャート1位にしよう」とファン同士で団結したり、「ライブに行けば仲間がいる」みたいな、**推し活に近い**のかも……？

究極的にはそうなんですよ。とはいえ、推し活で身を滅ぼす人はおそらく少数ですが、マルチ商法やカルト宗教に毎月何十万円とお金をつぎ込んでしまうケースは多いです。あるいはアメリカのQアノン★2のように実際に議事堂に突撃するような犯罪行為を行ったりしてしまうと、人生が大きく変わってしまいますよね。

「ヴィジュアル系はファンの盲信ぶりが宗教っぽい」みたいなことをよく言われたし、自分たちでもギャグっぽく言ったりしてたじゃないですか。学生の頃、親や家族、クラスメイトから「こんな怪しげな音楽を聴いたりライブに行くなんて」と難色を示された人も少なくないと思うんです。でも、そうやって否定されると反対に自分の世界にこもっちゃうことも。

僕もヴィジュアル系バンドが好きなんですけど、思春期の頃は「親と楽しもう」なんて発想はなかったし、むしろ親に理解なんて示されたくないですよね。周囲から不可解に見え

★2　アメリカの匿名掲示板等を発端にした、極右による陰謀論とそれに基づく政治運動。「トランプは世界を陰で操る秘密結社と戦っている」と主張し、支持者による事件が多発している。日本での支持者を「Jアノン」と呼ぶことも。

るものにこそハマるという意味では、**陰謀論やカルトにハマっている状態って、思春期みたいなもの**なんですよ。一定期間ハマると冷めたり、また別のものにハマっていったり、という点でも似ています。

かつて親に心配されていた我々が思春期（みたいなもの）の親を心配する立場に。でも、さっき雨宮さんがおっしゃっていたように、ヴィジュアル系バンドなどの推し活とマルチ商法やカルト宗教、陰謀論団体の最大の違いは、**全力で搾取しにくるかどうか**なわけで……。

搾取で言うと、X JAPANのTOSHI★3さんが洗脳されていた自己啓発セミナー団体・ホームオブハート（※現在も名前を変えて活動は継続している）が「まさに」な例ですよね。彼らはセミナーだけでなく「癒やしのCD」も販売して、信者を増やし、搾取していました。

音楽が洗脳の入り口になることもあるんですね。実は、私が学生の頃、近所のショッピングセンターで、洗脳されていた時期のTOSHIさんが無料ライブをやったんですよ。その告知を見て行くか迷ったんですが、熱心なX JAPANファンのお姉さん方が「あのTOSHIをタダで見られるわけない、タダで見られるTOSHIなんてTOSHIじゃないよ!!」と、止めてくれたんです。

★3　現在のTOSHIさんの表記は「Toshl」、あるいは「龍玄とし」ですが、過去の話なのでここでは「TOSHI」に統一しています。

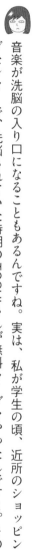

ファンだからこそ止めてくれたという話ですね。

TOSHIさんは、テレビや本で洗脳体験を話していますよね。あれはかなりの啓蒙になっているはずです。カルト宗教には自己啓発セミナーをはじめ入り口がいろいろあるので、罠にハマらないためには、**まずその手口を「知ること」が大切なんです。**今（2022年秋）、ワイドショーは旧統一教会の話で持ちきりですけど、**一過性で終わるのではなく、定期的に発信していくことが大事**だと思います。忘れちゃいけないんですよ。

さっき「推し活に似てる」という話をしたけれど、むしろ「推しや親、大切な人を奪われたくない」という周囲の思いが原動力になるのかもしれないですね。

MEMO

カルトや陰謀論にハマる家族たちをむやみに否定してはいけない……。介護の学校で習った「傾聴」という言葉を思い出しました。簡単に説明すると、相手の話を否定せずに一旦受け入れ、相手に関心を持って、「どうしてそういう考えになったのか？」相手の気持ちを想像しながら話を聞くコミュニケーションの手法です。どんな状態の人でもこの方法で救い出せるわけではないと思いますが、心に留めておきたいと思いました。介護で習ったことがここでつながるとは。

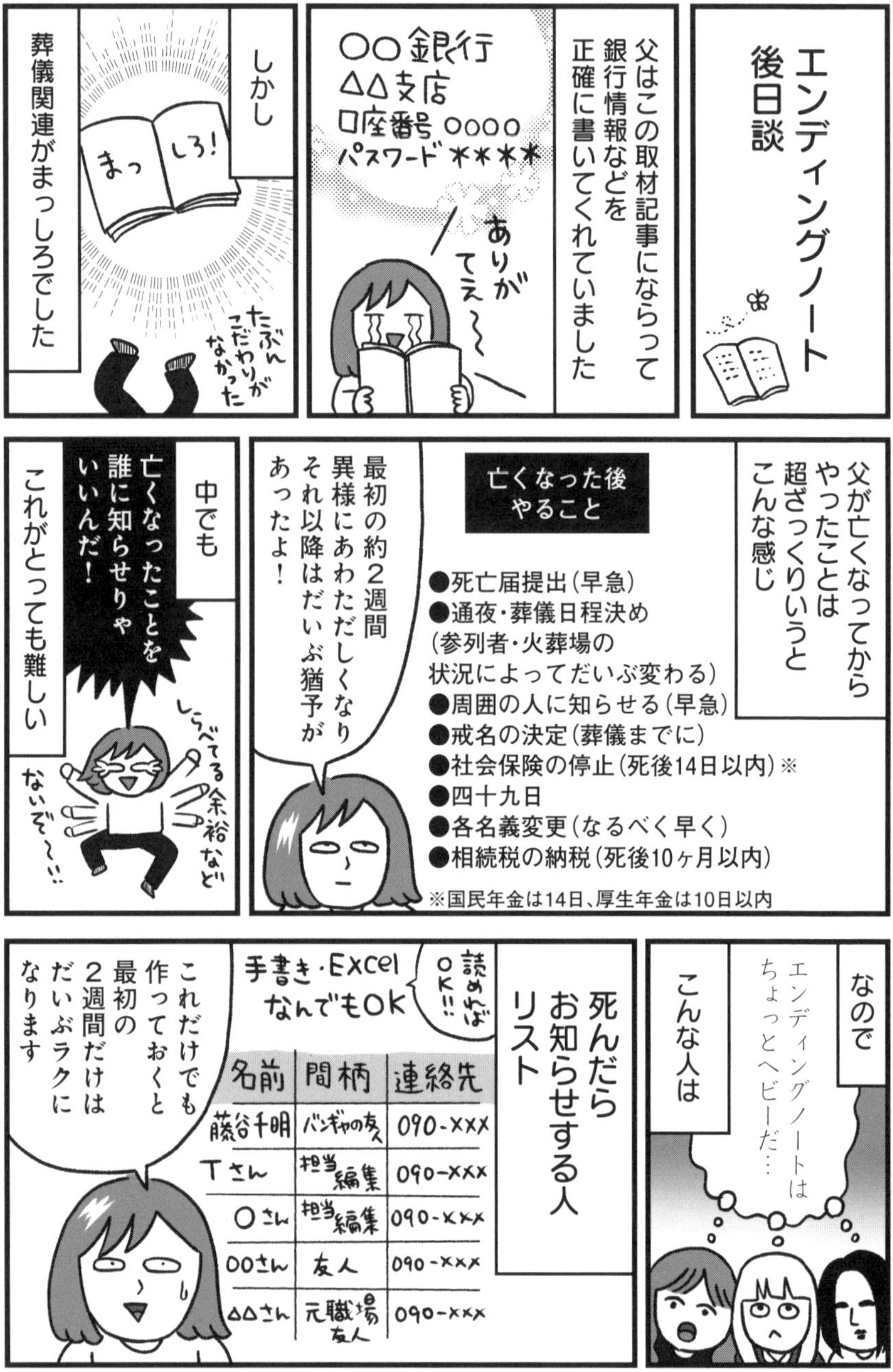
エンディングノート
後日談
父はこの取材記事にならって銀行情報などを正確に書いてくれていました
○○銀行
△△支店
口座番号 ○○○○
パスワード ＊＊＊＊
ありがてぇ〜
しかし
まっしろ!
葬儀関連がまっしろでした
たぶんこだわりがなかった
父が亡くなってからやったことは超ざっくりいうとこんな感じ
亡くなった後やること
●死亡届提出（早急）
●通夜・葬儀日程決め
（参列者・火葬場の
状況によってだいぶ変わる）
●周囲の人に知らせる（早急）
●戒名の決定（葬儀までに）
●社会保険の停止（死後14日以内）※
●四十九日
●各名義変更（なるべく早く）
●相続税の納税（死後10ヶ月以内）
※国民年金は14日、厚生年金は10日以内
最初の約2週間異様にあわただしくなりそれ以降はだいぶ猶予があったよ!
中でも
亡くなったことを誰に知らせりゃいいんだ!
これがとっても難しい
しらべてる余裕などないぞ〜!!
なので
エンディングノートはちょっとヘビーだ…
こんな人は
死んだらお知らせする人リスト
読めればOK!!
手書き・Excel なんでもOK
名前 / 間柄 / 連絡先
藤谷千明 / バンギャの友人 / 090-XXX
Tさん / 担当編集 / 090-XXX
Oさん / 担当編集 / 090-XXX
OOさん / 友人 / 090-XXX
△△さん / 元職場友人 / 090-XXX
これだけでも作っておくと最初の2週間だけはだいぶラクになります

老後の救世主〜メシア〜
この連載でたびたび老後の希望として登場する話題の技術
VR
寝たきりのお年寄りに、過去に行った場所のVRを体験してもらう試みはすでにやってるんですよ〜
VR制作してる友人
なんだと？
加齢するにつれて行けなくなりそうな場所……！
といえば……！
ライブの最前!!
ギャ〜
「VR最前」いいな
むしろ今から欲しいな
手すりとかあれば最高だな
未来は明るいです

エピローグ

我々オタクに明るい老後はやってくるのか？

オタク仲間の「老後一緒に住もうぜ！」から出発し、老後についての素朴な疑問や不安を、その道のプロや先人たちへと次々にぶつけてきました。さらには取材と並行して、パートナーとの別れ、身内の介護や看取りなど、自分たちのライフステージの変化も……。老後をめぐる長い旅の終わりに、改めて「明るい老後」について考えました。

取材を通して得られた学びと勇気

さてさて、ずいぶん遠くまで来ましたが、改めてポイントをふり返ってみましょう。そもそも当初は「バンギャル老人ホーム」への道の模索から始まったわけですが……。

まず最初に小菅さんから「身体介助や生活支援などを提供していれば、定義としては『老人ホーム』と名乗ってOK」と教えてもらえたことは嬉しかったです。オタクは「名乗れ

ること」で勇気がわく種族。それに「賃貸でもできる」と知ったことで、グッと希望がわきましたよね。人材確保や資金などの現実的問題はもちろんあるわけですが……。あとは取材を通して、私は**血縁へのやみくもな憧れはなくなった**気がします。

そうやって我々の目的である「仲間たちとの老後の暮らし」を手探りで実践してきたのが、佐久間さんや近山さんでした。先人たちが「既にいた」っていう事実には、勇気が出たというかワクワクしたというか。**「ラピュタは本当にあったんだ！」**ですよ。

ラピュタ（笑）。次の2章だと、私としては「介護の資格は取って損はない」とここで改めて言っておきたいです。経験上、いざ当事者になったら本当に勉強する暇もないので、ヘラヘラしていられるうちにやっておくといいんじゃないかと。

そうですな〜。資格取得しなくとも、事前に勉強することで、ぼんやり不安でよくわからない老後や介護について解像度が上がるというか、**個別の事例を前にしたとき相対化して考えられる**★1んですよ。

あと、「介護している側」の人にどう接すればいいかを知れたのもすごく良かったです。

★1　例えば親とか親戚に何か起きたとき、「この人はこうだけど、これって一般的なことだっけ？」と相対的に見ることができるかも。

ですね。介護までいかなくても、めんまさんのように高齢の親御さんと暮らしている方は、私のバンギャル・オタク仲間にもいます。この連載の話がきっかけで「なかなか言えなかったけど、こういう時どうしたらいいのかな？」と、悩みを打ち明けてくれる人もいました。

本当は言ったほうがいいんですよね。父が急逝した後、オタク仲間に、イベント会場で「いろいろ大変で～」と話したことがあって。「ごめんね、楽しい場所でこんな話」って言ったら、**「楽しい場所でこそしゃべったほうがいいよ。病気も死ぬことも特別なことじゃなくて日常の中に起きることだから」**って言われたんですよ。ハッとしましたね。

大先輩のシマあつこさんが、「介護も看取りも大変なことではあるけど、普通のことだしユーモアは大事」とおっしゃっていたことは、とても印象に残っています。

オタクであること、オタク仲間がいることの強み

オタク仲間で老後や介護の話題をしゃべるの、いいと思うんですよね～。だって、我々オタクって趣味でつながっているから、仕事も境遇も年齢もバラバラじゃないですか。座談会をやったように医療・介護職の人も多いし、結婚している人も、育児や介護をしている人もいるわけで、いろんな角度から知見を得やすいですよね。

そこは同級生や職場仲間ではない、**趣味でつながっているからこその強み**といえるのでは。

まぁ、オタク仲間とつながっていることによって、介護や自分の病気などで思うように趣味に時間や体力を割けなくなったときに、疎外感や卑屈な感情を抱いてしまう……という面もあるんですが……。情報だけでも欲しくてSNSは追うけど、同時に楽しそうな現場と自分のギャップを目の当たりにすることにもなるので、SNSとの付き合い方はむずかしいです（どんよりするめんまさん）★2。

免許返納や陰謀論の取材で、高齢になって改めて思春期のようになったり、自己実現を求めたりすることがあると知りました。

考えてみれば当たり前なんですけど、**年とったからってみんな達観できるわけじゃない**ということですよね～。加齢とともに多少の煩悩は滅されてくれることを期待してたのに、私自身まったくダメです。

老後も「現在」の延長にあるわけですからね。高齢者や老後についての先入観は、この本を通じてだいぶ見直せたように思います。そして……、さっきから編集Tさんからの「『我々に明るい老後はやってくるのか？』という疑問に対して、結論を出しましょう」と

★2　ライブに参戦できず七転八倒とか、若さゆえかと思いきやアラフォーの今も普通にあるので、そこは老後も変わらないんでしょうな。

いう圧を感じます。

そもそも**「明るい老後」って何ですかね？**

それですよ。「明るい老後」の具体的なイメージがないと、来るも来ないもないわけで。

自分の中に軸がないと、世間の軸にふり回されて病みますよね。★3 自分の「明るい老後」イメージをしっかり持つことがまず大事だというのは、よくわかってきました。

推し活でも人と比べてばかりいると、病んでしまうことがありますしね。自分の軸は大事かも。我々の「バンギャル老人ホーム」のように、**人それぞれの「明るい老後」がある**と思うんですよ。その上で、目指したいモデルがあればいいよね的な。例えば、XJAPANのドキュメンタリー映画で『WE ARE X』ってあるじゃないですか。

いきなりですね（笑）。当然ですが、私も観ています。

あの中で、GLAYのTAKUROさんが「登るならYOSHIKI山」って語っていましたよね。函館のバンド少年だったTAKUROさんが、YOSHIKIさんのEXTASY RECORDSを目指

★3 「いい施設に入ればいい」「家族に自宅で看取られればハッピー」など、いま世間で良しとされる価値観は多々あり、しかも時代によって変化していくので目が回りそう。

して奮闘し、のちに大ブレイクした。そんなバンドは90年代にたくさんいて、だからこそV系シーンが盛り上がったわけで。つまり、先人を見て、いろんな人が行動を起こすことで「ジャンル」が生まれていった。話を「明るい老後」に戻すと、我々が理想とする老後の暮らしって、まだ前例が少ないから、ジャンルとして確立されていないのかもしれない。

これから数が集まってジャンルができれば、議論がもっと深まって……？

我々の世代でも、より多様な「明るい老後」を目指していくことで、それぞれが実現する可能性も上がってくるんじゃないかと！

なるほど〜。最後に一つ朗報と言いますか……ここ最近の私は受難の数年でしたが、趣味から得た養分でやりすごせています。「つらい時、趣味に励まされました」みたいなことはよく聞くけど、「肉親の死」レベルのつらさの渦中で趣味を楽しむ気力なんてあるだろうか？　と、ずっと疑問だったんですが、私の場合は無くてはならないものでした。あとは、趣味の仲間についてですが、離婚・介護・看取り・葬儀・相続すべてをオタク仲間に相談し（愚痴り？）ながらやりました。仲間がいれば老後が明るい、なんて甘いことは思いませんが、**オタクは慰めより先に有益情報のURLをくれるので、心強いです。**

いろいろ話してきましたけど、そういう「ある意味で無根拠な前向きさ」ってわりと大事だと思うんですよね。

あとがき

なぜ、オタクやバンギャルなど「趣味に生きる」系の人々は、趣味に特化した老人ホーム構想（妄想？）をするのでしょう。しますよね？　私の周囲では30歳を過ぎた頃からこの話題は出ていましたし、SNSでも見かけます。趣味にお金を使いすぎて将来の貯蓄額に不安があるから？　趣味を優先しすぎて人生の伴侶がいなくて寂しいから？　そういう理由もあるでしょう。けれど一番は「死ぬまで趣味を楽しみたい」からではないでしょうか。一人でコツコツ趣味を楽しむ人もいるし、仕事でも家族でも友達でも人間の集団ではトラブルの発生は避けられません。それでも仲間たちと趣味を楽しむことは、何ものにも代えがたい幸福と感じる人は多いのではないでしょうか。とくにこんなタイトルの本を手に取る方は。

本書の基になった連載がスタートして早4年（※まだ絶賛連載中なので「tayorini」の「バンギャルシリーズ」をチェックしてください！）。蟹めんまさんのまえがき漫画にもあるように、我々の人生に大きな変化が訪れている一方、世の中も4年前だと考えられなかった事件・出来事がバンバン起きています。なんせ新型コロナウイルスの影響によって、ライブが終わったら皆でサイゼリヤに集合して与太話をすることすら気軽にできない世の中になってしまいました。びっくりですわ。

また、この数年は「推し活」ブームもあってか、4年前よりも「趣味に生きる人」への風当たりも和らいでいるように感じます。「いい大人がそんなものに夢中になってないで……」ではなく「いくつになっても推しがいる人生もアリだよね」的な空気になっているというか。「ブーム」で終わって再来年くらいにはスッカリ元通りになっているかもしれませんが（笑）。

世界は大変だし、世間はうつろいやすいし、自分が急に病気をすることもあるし（※藤谷は2022年胆石による胆嚢炎《たんのうえん》で緊急入院しました。死ぬかと思った）、取材をしても将来のことはわからないままだし、相変わらず不安は残ります。ただ、こう言ってはなんですが、どの取材も勉強になったのはもちろん、なにより楽しかったんですよ。専門家の人の話を聞くのも、自分の求める老後を実践している人の暮らしを見るのも楽しい。まだまだ疑問も不安も尽きないので、今後も取材を続けていくつもりです。さらなる出会いや知見を楽しみにしています。これは「老後の暮らし」オタクと呼ぶべきなのかもしれない（笑）。

2023年1月
藤谷千明
蟹めんま

BANDGA
TOUR FINAL NIP

参考文献

雨宮純『あなたを陰謀論者にする言葉』（フォレスト出版）
上野千鶴子『ケアのカリスマたち』（亜紀書房）
近山恵子、櫛引順子、佐々木敏子『どこで、誰と、どう暮らす？　40代から準備する共生の住まいづくり』（彩流社）
まちづくり広場【Oii】編集委員会編著『Oii vol.1』（ジャパンマシニスト社）
Toshl『洗脳　地獄の12年からの生還』（講談社）
太田差惠子『親が倒れた！　親の入院・介護ですぐやること・考えること・お金のこと（第3版）』（翔泳社）

取材協力

小菅秀樹　大田慶子（株式会社 LIFULL senior）
佐久間洋子（那須まちづくり広場「みとりえ那須」）
近山恵子　佐々木敏子（那須まちづくり株式会社／「Oii」編集部）
山本武尊（地域包括支援センター）
大島暁美
シマあつこ
オバンギャ大家さん
コクヨ株式会社
並木靖幸（NPO法人高齢者安全運転支援研究会）
鈴木心（HEART BEAT FITNESS）
雨宮純

Special Thanks

藤谷の同居人Aさん、Bさん、Cさん
バンギャル仲間のAさん、Jさん、Yさん

本書はウェブメディア「tayorini」の連載（2019年4月～2021年12月）をもとに、追加取材を行い、大幅に加筆修正したものです。

藤谷千明（ふじたに・ちあき）
1981年生まれ。自衛官、書店員などの職を経てサブカルチャーを中心としたフリーライターに。著書に『オタク女子が、4人で暮らしてみたら。』、共著に『すべての道はV系へ通ず。』などがある。

蟹めんま（かに・めんま）
漫画家・イラストレーター。奈良県出身。バンギャル歴は20年以上。著書に『バンギャルちゃんの日常』『バンギャルちゃんの挑戦』、共著に『まんがで分かる フリーランス お金の教科書』などがある。

バンギャルちゃんの老後《ろうご》
オタクのための（こわくない！）老後《ろうご》計画《けいかく》を考《かんが》えてみた

2023年3月30日　第1刷発行

著　者　藤谷千明《ふじたにちあき》・蟹《かに》めんま
監　修　LIFULL 介護《かいご》

発行人　清宮 徹
発行所　株式会社ホーム社
〒101-0051　東京都千代田区神田神保町3-29 共同ビル
電話　編集部　03-5211-2966
発売元　株式会社集英社
〒101-8050　東京都千代田区一ツ橋 2-5-10
電話　販売部　03-3230-6393（書店専用）
読者係　03-3230-6080

印刷所　大日本印刷株式会社
製本所　ナショナル製本協同組合

ブックデザイン　佐藤亜沙美（サトウサンカイ）
本文組版　有限会社一企画
漫画組版　株式会社昭和ブライト

ISBN978-4-8342-5367-2　C0095